世纪英才高等职业教育课改系列规划教材（经管类）

基础会计技能实训

秦 佳 主 编

黎 敏 王书力 张立军 副主编

人 民 邮 电 出 版 社

北 京

图书在版编目（CIP）数据

基础会计技能实训 / 秦佳主编. -- 北京 ：人民邮电出版社，2009.10（2017.2 重印）
（世纪英才高等职业教育课改系列规划教材. 经管类）
ISBN 978-7-115-20036-5

Ⅰ. ①基… Ⅱ. ①秦… Ⅲ. ①会计学－高等学校：技术学校－教材 Ⅳ. ①F230

中国版本图书馆CIP数据核字(2009)第162914号

内 容 提 要

本书是一本会计基础技能训练的教材，全部内容共分为 3 篇：第一篇是会计基本技能训练，包括会计数码、大写数字、大小写金额的书写训练；通过该篇教学，可以提高学生的会计书写基本功。第二篇是基础会计专项技能训练，包括一般原始凭证的填制和审核，各种记账凭证的填制和审核，各类账户的登记，基本会计报表的编制等；通过该篇训练，能够提高学生的各项会计技能。第三篇是基础会计综合项目训练，目的在于提高学生对会计核算程序的认识和综合会计技能。

本书是以通过单项训练来提高学生某方面的会计技能，以综合训练提高学生全面会计核算能力为目标来设计的，将原始凭证的填写、阅读、分析、审核，记账凭证的填制、审核，账簿的登记、结转，会计报表的编制等全部实际业务化，使读者通过循序渐进的练习，能牢固地打好会计岗位技能基本功，并准确地理解会计业务处理程序，为学生进一步学习财务会计及其相关课程奠定坚实的基础。

本书可以作为高职高专、职高中专等会计专业和其他财经类专业的会计课程训练教材。也可作为会计培训用书。

世纪英才高等职业教育课改系列规划教材（经管类）
基础会计技能实训

◆ 主　　编　秦　佳
　　副主编　黎　敏　王书力　张立军
　　责任编辑　丁金炎
　　执行编辑　洪　婕

◆ 人民邮电出版社出版发行　北京市丰台区成寿寺路 11 号
　　邮编　100164　电子邮件　315@ptpress.com.cn
　　网址　http://www.ptpress.com.cn
　　三河市海波印务有限公司印刷

◆ 开本：787×1092　1/16
　　印张：10.5　　　　　　　2009 年 10 月第 1 版
　　字数：241 千字　　　　2017 年 2 月河北第 9 次印刷

ISBN 978-7-115-20036-5
定价：20.00 元
读者服务热线：(010)81055256　印装质量热线：(010)81055316
反盗版热线：(010)81055315

丛书前言

随着我国社会经济的发展，近几年，我国高等职业教育规模快速增长，到 2008 年年底，全国独立设置的普通高职高专院校已经达到 1000 多所。应当说，基本适应社会主义现代化建设需要的高等职业教育体系已经初步形成。

高等职业教育依托经济发展，为经济发展提供适应需要的人力资源；同时，高等职业教育要适应经济和社会发展的需要，就必须提高自身创新能力，不断深化课程和教学改革，依靠传统的课程已经不能满足现代职业教育对职业能力培养的要求。围绕高等职业教育专业课程体系建设及课程开发，做好人才培养模式、课程改革、专业师资队伍、实践教学条件等方面的建设，已经成为高职院校教学改革的首要任务，同时也成为我国高等职业教育发展的当务之急。

随着高等职业教育改革形势的纵深发展，我国高等职业教育在课程体系建设指导思想上逐渐汇流，"基于工作过程"的课程与课程开发的理念逐渐为广大高职院校师生所接受。

"基于工作过程"的课程开发设计导向遵循现代职业教育指导思想，赋予了职业能力更加丰富的内涵，它不仅打破了传统学科过于系统化的理论束缚，而且提升了职业教育课程设计水平。这与高等职业教育的办学方向比较吻合，因此，得到了教育部有关部门的大力倡导。为了响应教育部的号召，我们于 2008 年组织了"基于工作过程"课程改革和教材建设研讨会，认真分析了当前我国高等职业教育课改现状，充分讨论了高等职业教育课改形势以及课程改革思路，并初步构建了面向 21 世纪的"世纪英才高等职业教育课改系列规划教材"体系。

我国高等职业教育是以培养高级应用型人才为目标，承担着为我国社会主义新型工业化社会建设输送人才的重任，大力发展高等职业教育是我国经济社会发展的客观需要。自国家大力倡导高职高专院校积极研究探索课程改革思路以来，我国的高等职业教育就步入了一个追求内涵发展的新阶段。"世纪英才高等职业教育课改系列规划教材"按照"基于工作过程"的课改思路，将科学发展观贯彻在高等职业教育的教材出版领域里，希望能为促进我国高等职业教育的发展贡献一份力量。

"世纪英才高等职业教育课改系列规划教材"汇聚了国内众多职业教育专家、高职高专院校一线教师的智慧和心血，以工作过程的发展展开教学过程，有区别地运用"结构模块化、技能系统化、内容弹性化、版面图表化"的呈现手段，内容结构层次从简从便，教材容量深度适当、厚度适合，并配以必要的辅助教学手段。相信本系列教材一定能成为广大高职高专院校师生的良师益友。

"世纪英才高等职业教育课改系列规划教材"建设是对高等职业教育课程改革的一次建设性的探索，期望得到广大读者的首肯和大力支持。如果您在阅读本系列教材的过程中有什么意见和建议，请发邮件至 wuhan@ptpress.com.cn 与我们进行交流，或进入本系列教材服务网站 www.ycbook.com.cn 留言。

世纪英才高等职业教育课改系列规划教材编委会

前言 *Foreword*

近几年，国家各级政府、部门明确指出要大力发展高等职业教育，而高等职业教育的根本任务是培养一批既具备基本理论知识和较强岗位技能，又能适应于生产、管理、服务一线的应用型专门人才。

为了突出以能力培养为主线的高等职业教育特色，特别是针对会计学科的特点，强化实践性教学，加强对学生实际操作能力的培养，我们编写了《基础会计技能实训》。

本书是以财政部最新颁发的《企业会计准则》、《企业会计准则——应用指南》为依据，以《基础会计》教材为基础，以工业企业主要经济业务为实例，结合社会调研收集的资料编写而成。书中既有专门项目训练，也有综合项目训练。训练项目安排上循序渐进、科学合理，符合"工学结合"的教学要求。本书是由长期从事会计教学和会计实际工作、熟悉会计岗位实际业务的专业人员编写，内容精练，通俗易学，可作为财会专业和经济管理其他各专业学生的实训操作资料。

由于编者水平有限，书中难免有错漏之处，敬请批评指正。

编者

2009 年 7 月

目录

绪　论

一、实训目的

《基础会计技能实训》课程是阐述会计基本理论、基本方法、基本技能的专业基础课程，是会计专业的学生成为专业会计师的必要训练项目，它对多门后续会计专业课程的学习起着基石作用。该课程通过对学生基本技能的训练和会计业务的实际操作，使学生更好地将会计理论与会计具体实际操作结合起来，增加学生对会计课程以及会计专业的学习兴趣，使学生的会计岗位技能和业务能力得到全面提升，也为培养一批动手能力强的高素质会计人才打好基础。

二、实训要求

《基础会计技能实训》操作过程必须符合《会计基础工作规范》的要求。学生在进行实训时，应做到态度端正、目的明确、操作认真，以一个真正的会计工作者的标准约束自己，规范地完成实训任务。

1．操作规范

在训练中，必须严格按照有关的现行会计制度的规定进行操作，整个会计账务处理流程应符合《会计基础工作规范》要求，不能随意简化或合并。

（1）正确使用会计科目。

（2）发票、收据、银行结算凭证等原始凭证应根据规定的格式填制和审核，做到内容完整、签名齐全。

（3）记账凭证填写要完整、正确，摘要应简明扼要、用词恰当，附件张数要准确，应将原始凭证裁剪好，附在所填制的记账凭证后面，并连续编号。

（4）规范地登记账簿。各种账簿的选择要符合管理要求，记账、结账要规范，对账要细致，如果发现错账，要规范地更正。

（5）按照会计报表编制要求如实编制各种会计报表。

（6）日常核算实训完成后，根据会计档案管理要求，分类整理会计资料。将记账凭证连同所附原始凭证按顺序整理，装订成册，并填制、加具封面，各种格式的账页应分类整理，报表要装订成册。

2．书写正确

在训练中，数字书写必须准确、规范、流利。汉字大写数字金额，如：零、壹、贰、叁、肆、伍、陆、柒、捌、玖、拾、佰、仟、万、亿等，一律用正楷或行书体书写，排列整齐，字迹工整、清晰，不得任意造简化字；大写金额数字到"元"或"角"为止的，应在"元"或"角"之后写"整"字。

3．账务处理及时

在训练过程中，根据提供的经济业务及时填制原始凭证，根据原始凭证及时填制记账凭证，根据记账凭证及所附的原始凭证及时登记库存现金日记账、银行存款日记账和各类明细账，根据编制的记账凭证登记总分类账，月末及时对账、结账与试算平衡，按期编制会计报表。

三、实训企业基本情况

企业名称：安泰有限公司

法人代表：汪涵

注册资本：500 万元

企业纳税人登记号：440300813579001

开户银行及账号：中国工商银行华强支行 2345111

企业地址：深圳市福田区华强路 99 号

经营范围：产品生产和销售

主要产品：甲产品，乙产品

适用税率：增值税率 17%，城市维护建设税税率 1%，教育费附加 3%，所得税税率 25%

四、财务部门机构设置及人员分工

（1）财务主管：主要负责本企业财务部门的业务审核和会计报表编制工作。

（2）会计：负责供应、生产和销售过程的日常核算,利润的计算与分配，总账的登记工作。

（3）出纳：负责货币资金的收付、有关凭证的填制、库存现金日记账和银行存款日记账的登记。

（4）成本会计：负责生产过程中各种成本、费用的归集及分配，产品成本计算，有关明细分类账的登记工作。

五、会计工作组织、账务处理程序及其他说明

（1）会计组织形式采用集中核算形式。

（2）记账方法采用借贷记账法。

（3）账务处理程序采用记账凭证账务处理程序。

（4）材料收发按实际成本核算，入库的材料成本采用随时结转（按次结转）的方法,出库的材料成本采用先进先出法。

（5）已销售商品的成本结转采用先进先出法。

（6）所得税费用按月计算和转入"本年利润"。

六、常用会计科目表

编 号	会计科目名称	编 号	会计科目名称
	一、资产类		三、所有者权益类
1001	库存现金	4001	实收资本
1002	银行存款	4002	资本公积
1121	应收票据	4101	盈余公积
1122	应收账款	4103	本年利润
1123	预付账款	4104	利润分配
1221	其他应收款		
1402	在途物资		四、成本类
1403	原材料	5001	生产成本
1405	库存商品	5102	制造费用
1601	固定资产		
1602	累计折旧		五、损益类
1604	在建工程	6001	主营业务收入
1701	无形资产	6051	其他业务收入
1901	待处理财产损溢	6111	投资收益
		6301	营业外收入
	二、负债类	6401	主营业务成本
2001	短期借款	6402	其他业务成本
2201	应付票据	6403	营业税金及附加
2202	应付账款	6601	销售费用
2211	应付职工薪酬	6602	管理费用
2221	应交税费	6603	财务费用
2231	应付股利	6711	营业外支出
2232	应付利息	6801	所得税费用
2241	其他应付款		
2601	长期借款		

第一篇 会计基本技能训练

技能训练一 会计数码书写训练

一、目的要求

通过训练掌握会计数码的标准写法，做到书写规范、清晰、流畅。

二、实训要点

（1）数码要一个一个地写，不得连笔写。

（2）数码要大小均匀，排列整齐，清晰美观。

（3）6、8、9、0等有圆圈的数码，圆圈必须封口。

（4）1、2、3、4、5、8、0要紧靠证、账、表行格底线书写，字体高度占行格高度的一半；"6"要比前列数码向右上方长出约1/4；"7"和"9"要向左下方长出约1/4。

（5）4、5、7的拐角处应尽量圆滑，不要形成死角。

（6）数码字体要自右上方向左下方倾斜，和右底线夹角为45~60°。

（7）书写流利，速度均匀，不得回笔。

（8）书写的数码不得涂改。

三、实训用时

本技能训练用时为0.5课时。

四、实训内容

1．实训任务

按照实训要求将会计数码书写至下表中。

2．实训用品

会计数码书写练习表

技能训练二　汉字大写数字书写训练

一、目的要求

通过训练掌握汉字大写数字的规范写法。

二、实训要点

（1）汉字大写数字要以正楷或行书字体书写。

（2）汉字大写数字如零、壹、贰、叁、肆、伍、陆、柒、捌、玖、拾、佰、仟、万、亿等，不得用简化字代替。

（3）汉字大写数字要均匀、工整。

三、实训用时

本技能训练用时为 0.5 课时。

四、实训内容

1．实训任务

按照实训要求将汉字大写数字书写在下表中。

2．实训用品

汉字大写数字练习表

零	壹	贰	叁	肆	伍	陆	柒	捌	玖	拾	佰	仟	万	亿

技能训练三　大小写金额的综合书写训练

一、目的要求

通过实训掌握大小写金额的标准写法，以满足会计基础规范对其书写要求。

二、实训要点

1．金额小写的技术要点

（1）没有数位分界线。金额前面要书写币种符号或简称，金额后面不再写货币单位，货币符号和金额间不得留空白处。

以"元"为单位的金额除表示单价等情况外，一律写到角分；如没有角分，角位和分位可写"00"或者符号"—"；如有角无分，分位只能写"0"；如只有分位金额，在元位和角位上均写"0"，并在元位后面点小数点。

金额为"元"以上的，每3位数为一节。

（2）有数位分界线。金额要对应固定数位填写，不得错位。

只有分位金额，只填分位；只有角位、角分位金额，只填角分位。高位不得填"0"。

角位、分位都是"0"的，角位、分位上各写"0"，不得用符号"—"等代替。

2．大写金额的技术要点

（1）金额要紧靠币种名称书写。

（2）金额数字只到"元"或"角"的，在其后面写"整"字；金额有"分"的，填写到分为止。

（3）金额数码中间有"0"，大写金额要写"零"字。如元位是"0"或元位和其高位连续是"0"，但角位不是"0"时，大写金额可以不写"零"字。

（4）金额角位是"0"而分位不是"0"时，角位要写"零"字。

（5）金额数码最高数位是"1"时，大写金额要加"壹"字。

（6）在印有大写金额数位的凭证上书写时，如金额前面有空位，填"零"字。

三、实训用时

本训练用时为1课时。

四、实训内容

1．实训任务

根据以下实训资料，按照表1-3-1的标准写法，在表1-3-2上进行书写练习，直至书写规范、流畅，指导教师认可为止。

安泰有限公司2008年1月份库存现金和银行存款收付业务的发生额：

① ￥0.50；

② ￥108 809.10；

③ ￥19.05；

④ ￥48.00；

⑤ ￥181.65；

⑥ ￥5 430.06；

⑦ ￥91 004.75；

⑧ ￥151 000.98；

⑨ ￥127 583.19；

⑩ ￥10.00。

2．实训用品

（1）会计专用笔或钢笔(蓝黑或碳素墨水)；

（2）大小写金额书写训练用纸或账页。

表1-3-1　　　　　　　　　大小写金额书写示例

小写金额栏								大写金额栏
没有数位分割线	有数位分割线							
	万	仟	佰	十	元	角	分	
￥0.01							1	人民币　壹分
￥15.06				1	5	0	6	人民币　零拾零万零仟零佰壹拾伍元零角陆分

表1-3-2　　　　　　　　　大小写金额书写表

小写金额栏								大写金额栏								
没有数位分割线	有数位分割线															
	万	仟	佰	十	元	角	分									
								人民币								
								人民币								
								人民币								
								人民币								
								人民币								
								人民币								
								人民币								
								人民币								
								人民币								
								人民币								
								人民币	拾	万	仟	佰	拾	元	角	分
								人民币	拾	万	仟	佰	拾	元	角	分
								人民币	拾	万	仟	佰	拾	元	角	分
								人民币	拾	万	仟	佰	拾	元	角	分
								人民币	拾	万	仟	佰	拾	元	角	分
								人民币	拾	万	仟	佰	拾	元	角	分
								人民币	拾	万	仟	佰	拾	元	角	分
								人民币	拾	万	仟	佰	拾	元	角	分
								人民币	拾	万	仟	佰	拾	元	角	分

第二篇 基础会计专项技能训练

本部分专项实训要求学生进行共 13 个项目的独立训练，分别完成原始凭证、记账凭证的填制和审核，各类账簿的登记、核对、结转以及各种报表的编制等，旨在提高其单项会计工作岗位技能，为综合项目实训打下基础。

技能训练一 原始凭证的填制

一、目的要求

通过实训，熟悉会计工作中常用原始凭证的格式、内容及用途，掌握原始凭证的填制方法。

二、实训要点

填制原始凭证应当符合下列要求。

（1）保证原始凭证的内容完整。即原始凭证应该填写的项目要逐项填写，不得漏缺；年、月、日要按照填制原始凭证的实际日期填写，不能简化；品名或用途要填写明确；有关人员的盖章必须齐全。

（2）凡是填有大写和小写金额的原始凭证，大写与小写的金额必须相符。

（3）一式几联的原始凭证必须注明各联的用途，并且只能以一联作报销凭证；一式几联的发票和收据，除本身具备复写功能以外，必须用双面复写纸套写且连续编号，作废时应加盖"作废"戳记，连同存根一起保存，不得撕毁。

（4）原始凭证的书写格式要规范。原始凭证要用蓝色或黑色钢笔书写，字迹清楚、规范。填写支票必须使用碳素笔。需要套写的凭证，必须套写清楚。合计的小写金额前应加注币种符号，如"￥"、"HK\$"、"US\$"等。汉字大写数字金额，一律使用正楷字或行书字体书写，如壹、贰、叁、肆、伍、陆、柒、捌、玖、拾、佰、仟、万、亿、元、角、分、零、整等字样。

（5）原始凭证不得随意涂改、刮擦、挖补，若发现原始凭证有填写错误，应采用规定的方法予以更正，更正处应加盖原始凭证开出单位的公章。对于重要的原始凭证，如支票、增值税专用发票以及各种结算凭证，一律不得涂改。对于预先印有编号的各种凭证，出现填写错误以后，要加盖"作废"戳记，并单独保管。

三、实训用时

本实训用时 1 学时。

四、实训内容

1．实训任务

任务一 收据的填制
任务二 进账单的填制
任务三 支票的填制
任务四 现金付款单的填制

2．实训用品

按照实训要求填制如表 2-1-1、表 2-1-2、表 2-1-3 和表 2-1-4 所示的原始凭证。

（1）2008 年 7 月 1 日，安泰有限公司收到大华公司违约金 800 元。

表 2-1-1 安 泰 公 司 现 金 收 据

年　　月　　日

今收到＿＿＿＿＿＿＿＿＿＿＿＿	备注：
人民币＿＿＿＿＿＿＿＿＿＿＿＿	
系 据＿＿＿＿＿＿＿＿＿＿＿＿	
单位盖章　　　　　　经手人：	

（2）2008 年 7 月 1 日，安泰有限公司收到支票一张，金额为 100 000 元，办理进账，填入表 2-1-2。(付款人为大新公司，开户行为中国工商银行宝安路支行，账号 6611128)

表 2-1-2 中 国 工 商 银 行 进 账 单（回单或收账通知）

进账日期　　年　　月　　日　　　　第　　号

收款人	全　称		付款人	全　称											
	账　号			账　号											
	开户银行			开户银行											
人民币（大写）				千	百	十	万	千	百	十	元	角	分		
票据种类															
票据张数				收款人开户银行盖章											
单位主管　　会计　　复核　　记账															

此联是收款开户行给收款人的回单或收账通知

（3）2008年7月1日，安泰有限公司从银行提取现金2 000元备用，按要求填写表2-1-3。

表2-1-3

中国工商银行支票存根 XV21111138 附加信息＿＿＿＿＿ 出票日期 年 月 日	中国工商银行　　支票　（粤）　深圳 XV21111138
收款人： 金额： 用途：	出票日期（大写）　　年　月　日　付款行名称： 收款人：　　　　　　　　　　出票人账号：

本支票付款期限十天

人民币 （大写）	百	十	万	千	百	十	元	角	分

用途＿＿＿＿＿＿＿
上项款项请从
我账户内支付

单位主管　会计　　　　出票人签章　　　　复核　　　记账

（4）2008年7月1日，安泰有限公司业务科李敏报销汽油费275元（见表2-1-4）。

表2-1-4　　　　安泰公司费用报销领款单
　　　　　　　　年　月　日　　　No.0035178

领款事由	
领款金额	人民币（大写）：　　　　　小写：
审核意见	负责人签章
领款部门	领款人

主管：　　　　　　　　　　　　出纳：

技能训练二　原始凭证的审核

一、目的要求

通过实训，掌握原始凭证审核的要求、方法。

二、实训要点

对原始凭证进行审核，是确保会计资料质量的重要措施之一。

（1）可靠性审核。主要是审核原始凭证记载的经济业务的日期、数量、单价、金额、业务程序、业务手续等是否正常，是否符合有关规定要求，有无伪造、变造虚假原始凭证的情况。

（2）完整性审核。审核原始凭证的编制是否符合要求，各个项目内容是否填写齐全，数字是否正确。要审核凭证的各项指标是否完整，名称、商品规格、计量单位、数量、单位、大写金额、小写金额和日期的填写是否正确、清晰。

（3）合法、合理性审核。主要审查经济业务内容是否符合国家有关法律、法规、政策、制度的规定，是否符合本会计主体的预算、计划、合同等有关要求，有无违法乱纪、营私舞弊、铺张浪费和不求效益的情况。

例如，收据，主要审核交款人是否签名，款项内容是否正确，大小写金额是否一致，现金收讫章是否加盖；发票，主要审核是否印有税务局监制章，购货单位、商品或劳务名称、金额计算是否正确，大小写金额是否一致，公章是否加盖；支票、进账单，主要审核收款人是否签名，账号及开户行名称是否正确，大小写金额是否一致，所附票据种类与张数是否相符；支票还要审核出票日期是否符合要求。

原始凭证审核后，应根据不同的审核结果，进行不同的审核后处理。

（1）对于内容合法、合理、完整、正确的原始凭证，按规定办理会计手续，据以填制记账凭证，并将原始凭证作为附件粘贴在记账凭证后面，以备查核。

（2）对于内容合法、合理而记载不准确、不完整的原始凭证，按规定暂缓办理会计手续，将原始凭证退回业务经办单位或人员重新办理，确定无误后准予办理会计手续。

（3）对于不合法、不合理的原始凭证，按规定拒绝办理会计手续，并向单位负责人报告。对于弄虚作假、营私舞弊、欺骗上级等违法乱纪行为应依据法律规定，坚决拒绝执行，并向有关方面反映情况。

三、实训用时

本实训用时 1 学时。

四、实训内容

1．实训任务

任务一　根据以下实训用品资料阅读、审核原始凭证；

任务二　指出原始凭证中存在的问题，提出处理意见。

2．实训用品

（1）2008 年 7 月 13 日，收到刘玉杰报销差旅费时退回的多余款 10 元整，如表 2-2-1 所示。

表 2-2-1

安 泰 公 司 现 金 收 据

2008 年 7 月 13 日

今收到 刘玉杰 人民币 （大写）拾元整　　　　　小写　￥10 事　由　差旅费多余款 单位盖章　　　　　　　　　　现金收讫 　　　　　　　　　　　　　经手人：王月	备注： 刘玉杰原 **1 000** 元借款冲减。

（2）2008 年 7 月 1 日，安泰有限公司销售甲产品 500 件给华荣实业公司，增值税税率 17%，开出增值税专用发票一张，如表 2-2-2 所示。

表2-2-2   增 值 税 专 用 发 票 （第四联 记账联）

开票日期 2008 年 7 月 1 日   No.0252017

购货单位	名　　称	华荣实业公司								纳税人登记号	440300826657788							
	地址、电话									开户银行及账号	工行福民支行 5678001							

商品或劳务名称	计量单位	数量	单价	金　　　　额								税率(%)	金　　　　额							
				十	万	千	百	十	元	角	分		十	万	千	百	十	元	角	分
甲产品	件	500	50		2	5	0	0	0	0	0	17			4	2	5	0	0	0
合　　　计					2	5	0	0	0	0	0				4	2	5	0	0	0
价税合计（大写）	佰　拾贰万玖仟贰佰伍拾零元零角零分											￥ 29 250.00								

销货单位	名　　称	安泰有限公司	纳税人登记号	
	地址、电话		开户银行及账号	

开票单位（未盖章无效）

（3）2008 年 7 月 1 日，安泰有限公司提取现金 1 000 元备用，如表 2-2-3 所示。

表2-2-3

中国工商银行支票存根 No21112135 附加信息＿＿＿＿＿ 出票日期 08 年 7 月 1 日 收款人：安泰公司 金额：1 000.00 用途：备用 单位主管	本支票付款期十天	中国工商银行　　支票　（粤）深圳　No.21112135 出票日期（大写） 2008 年 7 月 1 日　付款行名称：工行华强支行 收款人：安泰有限公司　　　　　出票人账号：2345111

中国工商银行支票存根
No21112135
附加信息＿＿＿＿＿

出票日期 08 年 7 月 1 日

收款人：安泰公司
金额：1 000.00
用途：备用

单位主管

本支票付款期十天

中国工商银行　　支票　（粤）深圳　No.21112135

出票日期（大写） 2008 年 7 月 1 日　付款行名称：工行华强支行
收款人：安泰有限公司　　　　　出票人账号：2345111

人民币（大写）壹千元整	百	十	万	千	百	十	元	角	分
			￥	1	0	0	0	0	0

用途＿＿＿＿＿
上项款项请从
我账户内支付

安泰有限公司
会财务专用章

出票人签章

印 汪涵

复核　　　　记账

技能训练三　通用记账凭证的填制

一、目的要求

通过实训，掌握通用记账凭证的填制方法。

二、实训要点

（1）记账凭证必须用蓝黑墨水或碳素墨水书写。

（2）确定每笔业务的内容、填制日期和会计分录。

（3）记账凭证内容按下列顺序填写：编号、日期、摘要、分录、注销金额栏空行、填写人民币符号及合计数、附件张数、填制人签字或盖章。

（4）记账凭证每月自1日起按月编号。

（5）金额栏如有空行，画一斜线或"S"线注销。

（6）合计金额前应加写人民币符号"￥"，对于只有一行记录的记账凭证，也应填写合计金额。

（7）凭证内容填写完毕，检查有无填写错误。如果有误，应当重新填制。经查无误后，在填制人处签字或盖章。其他人员栏暂不签字。

（8）每一笔业务的记账凭证填制完毕，把原始凭证附在记账凭证后面，依左上角理齐，用回形针别左上角（本实训仅以第一笔为例，其余从略）。

三、实训用时

本实训用时2学时。

四、实训内容

1．实训任务

任务一　阅读实训资料提供的经济业务；

任务二　按序号填制通用记账凭证。

2．实训资料

安泰有限公司2008年11月发生以下经济业务。

（1）1日，向红星实业公司购入1#材料5 000公斤*，每公斤9.9元；2#材料5 000公斤，每公斤7.9元，增值税15 130元，以银行存款支付。

（2）1日，以银行存款支付购买上述材料的运杂费1 000元（按两种材料的重量分摊）。

（3）3日，向红星实业公司采购的1#材料、2#材料已到达本公司并如数验收入库，结转原材料的实际采购成本。

（4）3日，生产车间生产甲产品领用1#材料2 000公斤、2#材料1 000公斤，生产乙产品领用1#材料1 000公斤、2#材料1 500公斤，车间一般耗用1#材料50公斤，管理部门维修耗用2#材料10公斤。1#材料单位成本10元，2#材料单位成本8元。

（5）5日，接受宏达公司投入资金500 000元并存入银行。

（6）8日，业务员张军报销差旅费1 800元，结清原借款2 000元。

（7）10日，用银行存款支付广告费5 000元。

（8）15日，以银行存款购买管理部门用办公用品1 200元。

（9）20日，以存款支付本月水电费12 000元，其中车间负担8 000元，管理部门负担4 000元。

（10）30日，计算本月应付银行借款利息2 200元。

———————————————

* 1公斤=1千克。

（11）30 日，提取固定资产折旧费，其中，生产车间 6 000 元，管理部门 4 000 元。

（12）月末，计算出本月应付工资总额 100 000 元。其中，甲产品生产工人工资 50 000 元，乙产品生产工人工资 30 000 元，车间管理人员工资 10 000 元，企业管理部门人员工资 10 000 元。

（13）月末，将本月制造费用 24 500 元按照工时分配给甲、乙产品，甲、乙产品的生产工时分别是 7 000 小时和 3 000 小时。

（14）月末，甲产品全部完工入库，数量 1 000 件，单位成本 95.15 元。

（15）月末，售出甲产品 1 000 件，销售收入 200 000 元，增值税额 34 000 元，货款收到存入银行。

（16）月末，结转甲产品的销售成本 95 150 元。

（17）月末，计算出本月应交纳城建税 188.70 元及教育费附加 566.10 元。

（18）月末，用银行存款交纳城建税 188.70 元及教育费附加 566.10 元。

附：第一笔经济业务原始凭证(见表 2-3-1 和表 2-3-2，其余从略)。

表 2-3-1　　　　　　　　增 值 税 专 用 发 票（第二联　发票联）

开票日期 2008 年 11 月 1 日　　　　　　　　No. 0757613

购货单位	名　　称	安泰有限公司									纳税人登记号		440300813579001							
	地址、电话										开户银行及账号		工行华强支行 2345111							
商品或劳务名称	计量单位	数量	单价	金　　额							税率(%)	金　　额								
				十	万	千	百	十	元	角	分		十	万	千	百	十	元	角	分
1# 材料	公斤	5000	9.9	4	9	5	0	0	0	0	17			8	4	1	5	0	0
2# 材料	公斤	5000	7.9	3	9	5	0	0	0	0	17			6	7	1	5	0	0
合　　计				8	9	0	0	0	0	0			1	5	1	3	0	0	0
价税合计（大写）	零佰壹拾零万肆仟壹佰叁拾零元零角零分									￥ 104 130.00										
销货单位	名　　称	红星实业公司									纳税人登记号		440300513633338							
	地址、电话										开户银行及账号		建行泥岗支行 3800002							

收款人：刘梦　　　　　　　　　　　　开票单位（未盖章无效）

表 2-3-2

中国工商银行支票存根（粤）

支票号码　XV00198593

附加信息 _____

_____

出票日期 2008 年 11 月 1 日

收款人：红星实业公司
金　额：￥104 130.00
用　途：采购

单位主管　刘伟　　　　会计　李莉

3．实训用品

根据上述经济业务编制如表 2-3-3～表 2-3-25 所示记账凭证。

表 2-3-3

记 账 凭 证

日期：　　年　月　日　　　　　　　　　　　　　　　　第　号

摘　　　要	总账科目	明细科目	借方金额	贷方金额	记账
附单据　　张	合　　　计				

核　准：　　　复　核：　　　记　账：　　　出　纳：　　　制　单：　　　签　收：

表 2-3-4

记 账 凭 证

日期：　　年　月　日　　　　　　　　　　　　　　　　第　号

摘　　　要	总账科目	明细科目	借方金额	贷方金额	记账
附单据　　张	合　　　计				

核　准：　　　复　核：　　　记　账：　　　出　纳：　　　制　单：　　　签　收：

表 2-3-5

记 账 凭 证

日期：　　年　月　日　　　　　　　　　　　　　　　　第　号

摘　　　要	总账科目	明细科目	借方金额	贷方金额	记账
附单据　　张	合　　　计				

核　准：　　　复　核：　　　记　账：　　　出　纳：　　　制　单：　　　签　收：

表2-3-6

记 账 凭 证

日期： 年 月 日 第 号

摘　　要	总账科目	明细科目	借方金额	贷方金额	记账
附单据　　张	合　　计				

核准： 复核： 记账： 出纳： 制单： 签收：

表2-3-7

记 账 凭 证

日期： 年 月 日 第 号

摘　　要	总账科目	明细科目	借方金额	贷方金额	记账
附单据　　张	合　　计				

核准： 复核： 记账： 出纳： 制单： 签收：

表2-3-8

记 账 凭 证

日期： 年 月 日 第 号

摘　　要	总账科目	明细科目	借方金额	贷方金额	记账
附单据　　张	合　　计				

核准： 复核： 记账： 出纳： 制单： 签收：

表2-3-9

记 账 凭 证

日期： 年 月 日 第 号

摘　　要	总账科目	明细科目	借方金额	贷方金额	记账
附单据　　张	合　　　计				

核　准： 复　核： 记　账： 出　纳： 制　单： 签　收：

表2-3-10

记 账 凭 证

日期： 年 月 日 第 号

摘　　要	总账科目	明细科目	借方金额	贷方金额	记账
附单据　　张	合　　　计				

核　准： 复　核： 记　账： 出　纳： 制　单： 签　收：

表2-3-11

记 账 凭 证

日期： 年 月 日 第 号

摘　　要	总账科目	明细科目	借方金额	贷方金额	记账
附单据　　张	合　　　计				

核　准： 复　核： 记　账： 出　纳： 制　单： 签　收：

表 2-3-12

记 账 凭 证

日期：　　年　月　日　　　　　　　　第　　号

摘　　要	总账科目	明细科目	借方金额	贷方金额	记账
附单据　　张		合　　　计			

核准：　　　　复核：　　　　记账：　　　　出纳：　　　　制单：　　　　签收：

表 2-3-13

记 账 凭 证

日期：　　年　月　日　　　　　　　　第　　号

摘　　要	总账科目	明细科目	借方金额	贷方金额	记账
附单据　　张		合　　　计			

核　准：　　　复　核：　　　记　账：　　　出　纳：　　　制　单：　　　签　收：

表 2-3-14

记 账 凭 证

日期：　　年　月　日　　　　　　　　第　　号

摘　　要	总账科目	明细科目	借方金额	贷方金额	记账
附单据　　张		合　　　计			

核　准：　　　复　核：　　　记　账：　　　出　纳：　　　制　单：　　　签　收：

表2-3-15

记 账 凭 证

日期： 年 月 日 第 号

摘　要	总账科目	明细科目	借方金额	贷方金额	记账
附单据　张	合　计				

核 准： 复 核： 记 账： 出 纳： 制 单： 签 收：

表2-3-16

记 账 凭 证

日期： 年 月 日 第 号

摘　要	总账科目	明细科目	借方金额	贷方金额	记账
附单据　张	合　计				

核 准： 复 核： 记 账： 出 纳： 制 单： 签 收：

表2-3-17

记 账 凭 证

日期： 年 月 日 第 号

摘　要	总账科目	明细科目	借方金额	贷方金额	记账
附单据　张	合　计				

核 准： 复 核： 记 账： 出 纳： 制 单： 签 收：

表 2-3-18

记 账 凭 证

日期： 年 月 日　　　　　　　　　第 号

摘　　要	总账科目	明细科目	借方金额	贷方金额	记账
附单据　张	合　　计				

核　准：　　　复　核：　　　记　账：　　　出　纳：　　　制　单：　　　签　收：

表 2-3-19

记 账 凭 证

日期： 年 月 日　　　　　　　　　第 号

摘　　要	总账科目	明细科目	借方金额	贷方金额	记账
附单据　张	合　　计				

核　准：　　　复　核：　　　记　账：　　　出　纳：　　　制　单：　　　签　收：

表 2-3-20

记 账 凭 证

日期： 年 月 日　　　　　　　　　第 号

摘　　要	总账科目	明细科目	借方金额	贷方金额	记账
附单据　张	合　　计				

核　准：　　　复　核：　　　记　账：　　　出　纳：　　　制　单：　　　签　收：

表 2-3-21

记 账 凭 证

日期： 年 月 日 第 号

摘 要	总账科目	明细科目	借方金额	贷方金额	记账
附单据 张	合 计				

核 准： 复 核： 记 账： 出 纳： 制 单： 签 收：

表 2-3-22

记 账 凭 证

日期： 年 月 日 第 号

摘 要	总账科目	明细科目	借方金额	贷方金额	记账
附单据 张	合 计				

核 准： 复 核： 记 账： 出 纳： 制 单： 签 收：

表 2-3-23

记 账 凭 证

日期： 年 月 日 第 号

摘 要	总账科目	明细科目	借方金额	贷方金额	记账
附单据 张	合 计				

核 准： 复 核： 记 账： 出 纳： 制 单： 签 收：

表2-3-24   记 账 凭 证

日期：   年   月   日   第   号

摘　　要	总账科目	明细科目	借方金额	贷方金额	记账
附单据　　张	**合　　计**				

核 准：   复 核：   记 账：   出 纳：   制 单：   签 收：

表2-3-25   记 账 凭 证

日期：   年   月   日   第   号

摘　　要	总账科目	明细科目	借方金额	贷方金额	记账
附单据　　张	合　　计				

核 准：   复 核：   记 账：   出 纳：   制 单：   签 收：

表2-3-26   记 账 凭 证

日期：   年   月   日   第   号

摘　　要	总账科目	明细科目	借方金额	贷方金额	记账
附单据　　张	合　　计				

核 准：   复 核：   记 账：   出 纳：   制 单：   签 收：

技能训练四 专用记账凭证的填制

一、目的要求

通过实训，掌握专用记账凭证的填制方法。

二、实训要点

（1）记账凭证必须用蓝黑墨水或碳素墨水书写。

（2）确定每笔业务的内容、应填制的记账凭证种类、填制日期和会计分录。

（3）记账凭证内容按下列顺序填写：编号、日期、摘要、分录、经济业务事项所涉及的科目、金额数人民币符号及合计数、附件张数、填制人的签字或盖章。

（4）记账凭证按其种类每月自1日起分别按月编号。

（5）金额栏如有空行，画一斜线或"S"线注销。

（6）合计金额前应写人民币符号"￥"，对于只有一行记录的记账凭证，也应填写合计金额。设有借、贷两个金额栏的转账凭证，借、贷两方都要填写合计金额，并各写一个人民币符号。

（7）凭证内容填写完毕，检查有无填写错误。如果有误，应当重新填制。经查无误后，在填制人处签字或盖章。其他人员栏暂不签字。

（8）每一笔业务的记账凭证填制完毕，把原始凭证附在记账凭证后面，依左上角理齐，用回形针别左上角(本实训仅以第一笔为例，其余从略)。

三、实训用时

本实训用时2学时。

四、实训内容

1．实训任务

任务一 阅读实训资料提供的经济业务；

任务二 按序号填制专用记账凭证。

2．实训资料

安泰有限公司2008年11月发生以下经济业务:

（1）1日，向红星实业公司购入1#材料5 000公斤，每公斤9.9元；2#材料5 000公斤，每公斤7.9元，增值税15 130元，以银行存款支付。

（2）1日，以银行存款支付购买上述材料的运杂费1 000元（按两种材料的重量分摊）。

（3）3日，向红星实业公司采购的1#、2#材料已到达本公司并如数验收入库，结转原材料的实际采购成本。

（4）3日，生产车间生产甲产品领用1#材料2 000公斤、2#材料1 000公斤，生产乙产品领用 1#材料 1 000 公斤、2#材料 1 500 公斤,车间一般耗用 1#材料 50 公斤,管理部门维修耗用 2#材料 10 公斤。1#材料单位成本 10 元,2#材料单位成本 8 元。

（5）5 日,接受宏达公司投入资金 500 000 元存入银行。

（6）8 日,业务员张军报销差旅费 1 800 元,结清原借款 2 000 元。

（7）10 日,用银行存款支付广告费 5 000 元。

（8）15 日,以银行存款购买管理部门用办公用品 1 200 元。

（9）20 日,以存款支付本月水电费 12 000 元,其中车间负担 8 000 元,管理部门负担 4 000 元。

（10）30 日,计算本月应付银行借款利息 2 200 元。

（11）30 日,提取固定资产折旧费,其中,生产车间 6 000 元,管理部门 4 000 元。

（12）月末,计算出本月应付工资总额 100 000 元。其中,甲产品生产工人工资 50 000 元,乙产品生产工人工资 30 000 元,车间管理人员工资 10 000 元,企业管理部门人员工资 10 000 元。

（13）月末,将本月制造费用 24 500 元按照工时分配给甲、乙产品,甲、乙产品的生产工时分别是 7 000 小时和 3 000 小时。

（14）月末,甲产品全部完工入库,数量 1 000 件,单位成本 95.15 元。

（15）月末,售出甲产品 1 000 件,销售收入 200 000 元,增值税额 34 000 元,货款收到存入银行。

（16）月末,结转甲产品的销售成本 95 150 元。

（17）月末,计算出本月应交城建税 188.70 元及教育费附加 566.10 元。

（18）月末,用银行存款缴纳城建税 188.70 元及教育费附加 566.10 元。

附:第一笔经济业务原始凭证（见表 2-4-1 和表 2-4-2,其余从略）。

表 2-4-1　　　　　增 值 税 专 用 发 票　（第二联　发票联）

开票日期 2008 年 11 月 1 日　　　　　　　　　　No.0757613

购货单位	名称	安泰有限公司								纳税人登记号		440300813579001						
	地址、电话									开户银行及账号		工行华强支行 2345111						
商品或劳务名称	计量单位	数量	单价	金额							税率(%)	金额						
				十	万	千	百	十	元	角	分		十	万	千	百	十	元	角	分
1# 材料	公斤	5000	9.9		4	9	5	0	0	0	0	17			8	4	1	5	0	0
2# 材料	公斤	5000	7.9		3	9	5	0	0	0	0	17			6	7	1	5	0	0
合　计					8	9	0	0	0	0	0			1	5	1	3	0	0	0
价税合计（大写）	零佰壹拾零万肆仟壹佰叁拾零元零角零分											￥　104 130.00						
销货单位	名称	红星实业公司								纳税人登记号		440300513633338						
	地址、电话									开户银行及账号		建行泥岗支行 3800002						

收款人:刘梦　　　　　　　　　　　　　　　　　开票单位（未盖章无效）

表 2-4-2

中国工商银行支票存根（粤）

支票号码　XV 00198593
附加信息 _____
_____
_____

出票日期 2008 年 11 月 1 日

| 收款人：红星实业公司 |
| 金　额：￥104 130.00 |
| 用　途：采购 |

单位主管 刘伟　　会计 李莉

3．实训用品

根据上述经济业务编制如表 2-4-3～表 2-4-32 所示记账凭证。

表 2-4-3　　　　　　　　　收款凭证　　　　　总号：

借方科目：　　　　　　日期：　年　月　日　　　分号：　第　号

摘　要	贷　方　科　目		金　　额									记账标记
	总账科目	明细账科目	千	十	万	千	百	十	元	角	分	
附单据　张	合　　计											

核　准：　　　复　核：　　　记　账：　　　出　纳：　　　制　单：　　　签　收：

表 2-4-4　　　　　　　　　收款凭证　　　　　总号：

借方科目：　　　　　　日期：　年　月　日　　　分号：　第　号

摘　要	贷　方　科　目		金　　额									记账标记
	总账科目	明细账科目	千	十	万	千	百	十	元	角	分	
附单据　张	合　　计											

核　准：　　　复　核：　　　记　账：　　　出　纳：　　　制　单：　　　签　收：

表2-4-5　　　　　　　　　收款凭证　　　　总号：

借方科目：　　　　　　　日期：　年　月　日　　　分号：　第　号

摘要	贷方科目		金额									记账标记
	总账科目	明细账科目	千	十	万	千	百	十	元	角	分	
附单据　张	合　计											

核准：　　复核：　　记账：　　出纳：　　制单：　　签收：

表2-4-6　　　　　　　　　收款凭证　　　　总号：

借方科目：　　　　　　　日期：　年　月　日　　　分号：　第　号

摘要	贷方科目		金额									记账标记
	总账科目	明细账科目	千	十	万	千	百	十	元	角	分	
附单据　张	合　计											

核准：　　复核：　　记账：　　出纳：　　制单：　　签收：

表2-4-7　　　　　　　　　收款凭证　　　　总号：

借方科目：　　　　　　　日期：　年　月　日　　　分号：　第　号

摘要	贷方科目		金额									记账标记
	总账科目	明细账科目	千	十	万	千	百	十	元	角	分	
附单据　张	合　计											

核准：　　复核：　　记账：　　出纳：　　制单：　　签收：

表2-4-8   付 款 凭 证   总 号：

贷方科目：   日期： 年 月 日   分 号：   第 号

摘 要	借 方 科 目		金 额										记账标记
	总账科目	明细账科目	千	十	万	千	百	十	元	角	分		
附单据 张	合 计												

核 准：   复 核：   记 账：   出 纳：   制 单：   签 收：

表2-4-9   付 款 凭 证   总 号：

贷方科目：   日期： 年 月 日   分 号：   第 号

摘 要	借 方 科 目		金 额										记账标记
	总账科目	明细账科目	千	十	万	千	百	十	元	角	分		
附单据 张	合 计												

核 准：   复 核：   记 账：   出 纳：   制 单：   签 收：

表2-4-10   付 款 凭 证   总 号：

贷方科目：   日期： 年 月 日   分 号：   第 号

摘 要	借 方 科 目		金 额										记账标记
	总账科目	明细账科目	千	十	万	千	百	十	元	角	分		
附单据 张	合 计												

核 准：   复 核：   记 账：   出 纳：   制 单：   签 收：

表2-4-11   付 款 凭 证   总 号：

贷方科目：   日期：   年 月 日   分 号：   第 号

摘　要	借　方　科　目		金　　额									记账标记
	总账科目	明细账科目	千	十	万	千	百	十	元	角	分	
附单据 张	合　　计											

核 准：   复 核：   记 账：   出 纳：   制 单：   签 收：

表2-4-12   付 款 凭 证   总 号：

贷方科目：   日期：   年 月 日   分 号：   第 号

摘　要	借　方　科　目		金　　额									记账标记
	总账科目	明细账科目	千	十	万	千	百	十	元	角	分	
附单据 张	合　　计											

核 准：   复 核：   记 账：   出 纳：   制 单：   签 收：

表2-4-13   付 款 凭 证   总 号：

贷方科目：   日期：   年 月 日   分 号：   第 号

摘　要	借　方　科　目		金　　额									记账标记
	总账科目	明细账科目	千	十	万	千	百	十	元	角	分	
附单据 张	合　　计											

核 准：   复 核：   记 账：   出 纳：   制 单：   签 收：

表 2-4-14

付 款 凭 证

总号：

贷方科目：　　　　　　　　　日期：　年　月　日　　　　　分号：　　　第　号

摘　要	借 方 科 目		金　　额									记账标记
	总账科目	明细账科目	千	十	万	千	百	十	元	角	分	
附单据　张	合　　计											

核　准：　　　　复　核：　　　　记　账：　　　　出　纳：　　　　制　单：　　　　签　收：

表 2-4-15

付 款 凭 证

总号：

贷方科目：　　　　　　　　　日期：　年　月　日　　　　　分号：　　　第　号

摘　要	借 方 科 目		金　　额									记账标记
	总账科目	明细账科目	千	十	万	千	百	十	元	角	分	
附单据　张	合　　计											

核　准：　　　　复　核：　　　　记　账：　　　　出　纳：　　　　制　单：　　　　签　收：

表 2-4-16

付 款 凭 证

总号：

贷方科目：　　　　　　　　　日期：　年　月　日　　　　　分号：　　　第　号

摘　要	借 方 科 目		金　　额									记账标记
	总账科目	明细账科目	千	十	万	千	百	十	元	角	分	
附单据　张	合　　计											

核　准：　　　　复　核：　　　　记　账：　　　　出　纳：　　　　制　单：　　　　签　收：

表 2-4-17　　　　　　　　　　　　付 款 凭 证　　　　　　　　总　号：

贷方科目：　　　　　　　　日期：　年　月　日　　　　　分号：　　第　号

摘　要	借 方 科 目		金　　　额										记账标记
	总账科目	明细账科目	千	十	万	千	百	十	元	角	分		
附单据　张	合　　计												

核　准：　　　复　核：　　　记　账：　　　出　纳：　　　制　单：　　　签　收：

表 2-4-18　　　　　　　　　　　　转 账 凭 证　　　　　　　　总　号：

　　　　　　　　日期：　年　月　日　　　　　分号：　　号

摘　要	总账科目	明细科目	借方金额	贷方金额	记账
附单据　张	合　　计				

核　准：　　　复　核：　　　记　账：　　　出　纳：　　　制　单：　　　签　收：

表 2-4-19　　　　　　　　　　　　转 账 凭 证　　　　　　　　总　号：

　　　　　　　　日期：　年　月　日　　　　　分号：　　号

摘　要	总账科目	明细科目	借方金额	贷方金额	记账
附单据　张	合　　计				

核　准：　　　复　核：　　　记　账：　　　出　纳：　　　制　单：　　　签　收：

表 2-4-20

转 账 凭 证

总 号：

日期： 年 月 日

分 号： 号

摘 要	总账科目	明细科目	借方金额	贷方金额	记账
附单据 张	合 计				

核 准： 复 核： 记 账： 出 纳： 制 单： 签 收：

表 2-4-21

转 账 凭 证

总 号：

日期： 年 月 日

分 号： 号

摘 要	总账科目	明细科目	借方金额	贷方金额	记账
附单据 张	合 计				

核 准： 复 核： 记 账： 出 纳： 制 单： 签 收：

表 2-4-22

转 账 凭 证

总 号：

日期： 年 月 日

分 号： 号

摘 要	总账科目	明细科目	借方金额	贷方金额	记账
附单据 张	合 计				

核 准： 复 核： 记 账： 出 纳： 制 单： 签 收：

表 2-4-23　　　　　　　　　　转 账 凭 证　　　　　　　　总 号：

日期：　　年　　月　　日　　　　　　　分 号：　　号

摘　要	总账科目	明细科目	借方金额	贷方金额	记账
附单据　　张	合　　计				

核　准：　　　复　核：　　　记　账：　　　出　纳：　　　制　单：　　　签　收：

表 2-4-24　　　　　　　　　　转 账 凭 证　　　　　　　　总 号：

日期：　　年　　月　　日　　　　　　　分 号：　　号

摘　要	总账科目	明细科目	借方金额	贷方金额	记账
附单据　　张	合　　计				

核　准：　　　复　核：　　　记　账：　　　出　纳：　　　制　单：　　　签　收：

表 2-4-25　　　　　　　　　　转 账 凭 证　　　　　　　　总 号：

日期：　　年　　月　　日　　　　　　　分 号：　　号

摘　要	总账科目	明细科目	借方金额	贷方金额	记账
附单据　　张	合　　计				

核　准：　　　复　核：　　　记　账：　　　出　纳：　　　制　单：　　　签　收：

表 2-4-26   转 账 凭 证   总 号：

日期：   年   月   日   分 号：   号

摘　　要	总账科目	明细科目	借方金额	贷方金额	记账
附单据　　张	合　　计				

核　准：　　　复　核：　　　记　账：　　　出　纳：　　　制　单：　　　签　收：

表 2-4-27   转 账 凭 证   总 号：

日期：   年   月   日   分 号：   号

摘　　要	总账科目	明细科目	借方金额	贷方金额	记账
附单据　　张	合　　计				

核　准：　　　复　核：　　　记　账：　　　出　纳：　　　制　单：　　　签　收：

表 2-4-28   转 账 凭 证   总 号：

日期：   年   月   日   分 号：   号

摘　　要	总账科目	明细科目	借方金额	贷方金额	记账
附单据　　张	合　　计				

核　准：　　　复　核：　　　记　账：　　　出　纳：　　　制　单：　　　签　收：

表 2-4-29　　　　　　　　　　转 账 凭 证　　　　　　　　总 号：

日期：　年　月　日　　　　　　　　分号：　　号

摘　要	总账科目	明细科目	借方金额	贷方金额	记账
附单据　张		合　　计			

核　准：　　　复　核：　　　记　账：　　　出　纳：　　　制　单：　　　签　收：

表 2-4-30　　　　　　　　　　转 账 凭 证　　　　　　　　总 号：

日期：　年　月　日　　　　　　　　分号：　　号

摘　要	总账科目	明细科目	借方金额	贷方金额	记账
附单据　张		合　　计			

核　准：　　　复　核：　　　记　账：　　　出　纳：　　　制　单：　　　签　收：

表 2-4-31　　　　　　　　　　转 账 凭 证　　　　　　　　总 号：

日期：　年　月　日　　　　　　　　分号：　　号

摘　要	总账科目	明细科目	借方金额	贷方金额	记账
附单据　张		合　　计			

核　准：　　　复　核：　　　记　账：　　　出　纳：　　　制　单：　　　签　收：

表2-4-32 　　　　　　　　转 账 凭 证　　　　　　总 号：

日期：　　　年　　月　　日　　　　　　分 号：　　　号

摘　　要	总账科目	明细科目	借方金额	贷方金额	记账
附单据　　张	合　　计				

核　准：　　　复　核：　　　记　账：　　　出　纳：　　　制　单：　　　签　收：

技能训练五　记账凭证审核

一、目的要求

通过实训，掌握记账凭证的审核方法。

二、实训要点

记账凭证在记账前，必须经过审核。审核的主要内容如下。

（1）记账凭证是否附有原始凭证，所附原始凭证的张数、经济内容、金额、合计金额等是否与记账凭证一致。

（2）经济业务是否正常，应借、应贷账户的名称和金额是否正确，账户对应关系是否清晰，所用账户的名称是否符合会计制度的规定。

（3）记账凭证中有关项目是否填写齐全，有关人员是否签名或盖章。

在审核记账凭证时，如发现错误，必须查明原因，按规定及时改正。只有经过审核无误的记账凭证，才能据以记账。

三、实训用时

本实训用时1学时。

四、实训内容

1．实训任务

任务一　对实训资料提供的记账凭证进行审核，指出错误的地方；

任务二　两人一组相互审核技能训练三、技能训练四填制的记账凭证；

任务三　对填制有误的凭证，退给填制人予以更正；

任务四　对审核无误的凭证，审核人签名或盖章。

2. 实训资料

2008 年 7 月安泰有限公司发生如下经济业务：

（1）7 月 1 日，提取现金 2 000 元备用。编制的记账凭证如表 2-5-1 所示，尚未登记入账。

表 2-5-1
收 款 凭 证

借方科目：库存现金　　　　　　日期：2008 年 7 月 1 日　　　　　　现收 1 号

摘　要	贷 方 科 目		金　额	记账标记
	总账科目	明细账科目		
提取现金	银行存款		2 000.00	∨
附单据 1 张	合　计		￥2 000.00	

核准：　　　复核：　　　记账：　　　出纳：　　　制单：王月　　　签收：

（2）7 月 2 日，以银行存款归还以前欠华商公司的购货款 45 000 元，编制的记账凭证如表 2-5-2 所示，尚未登记入账。

表 2-5-2
付 款 凭 证

贷方科目：银行存款　　　　　　日期：2008 年 7 月 2 日　　　　　　银付 1 号

摘　要	借 方 科 目		金　额	记账标记
	总账科目	明细账科目		
归还欠款	应付账款	华商公司	45 000.00	∨
附单据　张	合　计		￥45 000.00	

核准：　　　复核：　　　记账：　　　出纳：　　　制单：王月　　　签收：

（3）7 月 2 日，基本生产车间一般耗用原材料一批，金额 5 000 元，编制的记账凭证如表 2-5-3 所示，尚未登记入账。

表 2-5-3
转 账 凭 证

日期：2008 年 7 月 2 日　　　　　　转 1 号

摘　要	总账科目	明细科目	借方金额	贷方金额	记　账
领用材料	生产成本		5 000.00		
	原材料			5 000.00	
附单据 1 张	合　计		￥50 000.00	￥50 000.00	

核准：　　　复核：　　　记账：　　　出纳：　　　制单：王月　　　签收：

（4）7月3日，财务科购买办公用品800元，用存款支付。编制的记账凭证如表2-5-4所示，尚未登记入账。

表2-5-4

付 款 凭 证

贷方科目：**银行存款**　　　　　　日期：2008 年 7 月 3 日　　　　　　银付 2 号

摘　　要	借方科目		金　　额	记账标记
	总账科目	明细账科目		
购买办公用品	**管理费用**	华商公司	**8 000.00**	√
附单据　　张	合　　　　计		￥8 000.00	

核　准：　　　复　核：　　　记　账：　　　出　纳：　　　制　单：王月　　　签　收：

技能训练六　日记账的登记

一、目的要求

通过实训使学生掌握库存现金日记账与银行存款日记账的登记方法。

二、实训要点

会计人员应根据审核无误的会计凭证登记日记账簿。

（1）登记日记账簿时，将会计凭证日期、编号、业务内容摘要、金额和其他有关资料逐项记入账内，做到数字准确、摘要清楚、登记及时、字迹工整。

（2）登记完毕后，要在记账凭证上签名或者盖章，并注明已经登账的符号，表示已经记账。

（3）账簿中书写的文字和数字应在账页格子上留有适当空间，不要写满格子，一般应占格距的1/2。

（4）登记账簿要用蓝黑墨水或者碳素墨水书写，不得使用圆珠笔或者铅笔书写。

（5）各种账簿按页次顺序连续登记，不得跳行、隔页。如果发生跳行、隔页，应当将空行、空页划线注销，或者注明"此行空白"、"此页空白"字样，并由记账人员签名或者盖章。

（6）库存现金日记账和银行存款日记账必须逐日结出余额。结出金额后，应当在"借或贷"等栏内标明借贷方向。无余额时，应当在"借或贷"栏内写"平"字，并在余额栏内用"0"表示。

（7）每一账页登记完毕结转下页时，应当结出本页合计数及余额，写在本页最后一行和下页第一行有关栏内，并在摘要栏内注明"过次页"和"承前页"字样；也可以将本页合计数及金额只写在下页第一行有关栏内，并在摘要栏内注明"承前页"字样。

三、实训用时

本实训用时 2 学时。

四、实训内容

1. 实训任务

任务一　根据实训资料开设三栏式库存现金日记账和银行存款日记账，登记期初余额；

任务二　根据相关经济业务编制通用记账凭证；

任务三　根据编制的通用记账凭证，逐笔登记库存现金日记账与银行存款日记账。

2. 实训资料

安泰有限公司 2008 年 7 月 31 日库存现金日记账和银行存款日记账的余额分别为 10 000 元和 135 000 元。8 月份 1~31 日发生下列有关库存现金和银行存款业务：

（1）2 日，业务员张华出差，借支差旅费 3 000 元，以现金付给。

（2）5 日，接银行通知，中华公司汇来前欠货款 8 000 元，已收妥入账。

（3）8 日，从银行提取现金 2 000 元，以备日常开支。

（4）12 日，用银行存款偿还前欠光明工厂的货款 10 000 元。

（5）18 日，厂部王明报销市内交通费 300 元，以现金付给。

（6）20 日，从银行取得短期借款 100 000 元，已存入银行。

（7）25 日，以银行存款支付厂部办公费 1 000 元。

（8）28 日，交纳上月税费 5 000 元，以银行存款支付。

（9）29 日，接受投资者追加投资 200 000 元，已经收到并存入银行。

（10）30 日，厂部李平出差，借支差旅费 1 000 元，以现金付给。

3. 实训用品

根据以上信息，填写表 2-6-1~表 2-6-14。

表 2-6-1　　　　　　　　记 账 凭 证

日期：　　年　月　日　　　　　　　　　　第　号

摘　要	总账科目	明细科目	借方金额	贷方金额	记账
附单据　　张	合　　计				

核准：　　复核：　　记账：　　出纳：　　制单：　　签收：

表2-6-2

记 账 凭 证

日期：　年　月　日　　　　　　　　　　第　号

摘　要	总账科目	明细科目	借方金额	贷方金额	记账
附单据　　张	合　　计				

核 准：　　　复 核：　　　记 账：　　　出 纳：　　　制 单：　　　签 收：

表2-6-3

记 账 凭 证

日期：　年　月　日　　　　　　　　　　第　号

摘　要	总账科目	明细科目	借方金额	贷方金额	记账
附单据　　张	合　　计				

核 准：　　　复 核：　　　记 账：　　　出 纳：　　　制 单：　　　签 收：

表2-6-4

记 账 凭 证

日期：　年　月　日　　　　　　　　　　第　号

摘　要	总账科目	明细科目	借方金额	贷方金额	记账
附单据　　张	合　　计				

核 准：　　　复 核：　　　记 账：　　　出 纳：　　　制 单：　　　签 收：

表 2-6-5

记 账 凭 证

日期: 年 月 日 第 号

摘 要	总账科目	明细科目	借方金额	贷方金额	记账
附单据 张	合 计				

核准: 复核: 记账: 出纳: 制单: 签收:

表 2-6-6

记 账 凭 证

日期: 年 月 日 第 号

摘 要	总账科目	明细科目	借方金额	贷方金额	记账
附单据 张	合 计				

核准: 复核: 记账: 出纳: 制单: 签收:

表 2-6-7

记 账 凭 证

日期: 年 月 日 第 号

摘 要	总账科目	明细科目	借方金额	贷方金额	记账
附单据 张	合 计				

核准: 复核: 记账: 出纳: 制单: 签收:

表2-6-8

记 账 凭 证

日期: 年 月 日　　　　　　　第 号

摘　　要	总账科目	明细科目	借方金额	贷方金额	记账
附单据　张	合　　计				

核 准:　　复 核:　　记 账:　　出 纳:　　制 单:　　签 收:

表2-6-9

记 账 凭 证

日期: 年 月 日　　　　　　　第 号

摘　　要	总账科目	明细科目	借方金额	贷方金额	记账
附单据　张	合　　计				

核 准:　　复 核:　　记 账:　　出 纳:　　制 单:　　签 收:

表2-6-10

记 账 凭 证

日期: 年 月 日　　　　　　　第 号

摘　　要	总账科目	明细科目	借方金额	贷方金额	记账
附单据　张	合　　计				

核 准:　　复 核:　　记 账:　　出 纳:　　制 单:　　签 收:

表2-6-11

记 账 凭 证

日期： 年 月 日 第 号

摘　要	总账科目	明细科目	借方金额	贷方金额	记账
附单据　张		合　计			

核　准： 复　核： 记　账： 出　纳： 制　单： 签　收：

表2-6-12

记 账 凭 证

日期： 年 月 日 第 号

摘　要	总账科目	明细科目	借方金额	贷方金额	记账
附单据　张		合　计			

核　准： 复　核： 记　账： 出　纳： 制　单： 签　收：

表2-6-13

银行存款日记账

第 页

年		凭证号数	结算凭证	摘　要	对应科目	过账	收　入	支　出	余　额
月	日								

表2-6-14　　　　　　　　　库存现金日记账　　　　　　　第　页

年		凭证号数	摘　要	对应科目	过账	收　入	支　出	余　额
月	日							

技能训练七　分类账的登记

一、目的要求

通过实训使学生掌握总分类账及所属明细分类账之间的关系及登记方法。

二、实训要点

会计人员应根据审核无误的会计凭证登记会计账簿。登记账簿的基本要求如下。

（1）登记会计账簿时，将会计凭证日期、编号、业务内容摘要、金额和其他有关资料逐项记入账内，做到数字准确、摘要清楚、登记及时、字迹工整。

（2）登记完毕后，要在记账凭证上签名或者盖章，并注明已经登账的符号，表示已经记账。

（3）账簿中书写的文字和数字应在账页格子上留有适当空间，不要写满格子，一般应占格距的1/2。

（4）登记账簿要用蓝黑墨水或者碳素墨水书写，不得使用圆珠笔或者铅笔书写。

（5）各种账簿按页次顺序连续登记，不得跳行、隔页。

（6）凡需要结出余额的账户，结出金额后，应当在"借或贷"等栏内写明"借"或者"贷"等字样。没有余额的账户，应当在"借或贷"等栏内写"平"字，并在余额栏内用"0"表示。

（7）每一账页登记完毕结转下页时，应当结出本页合计数及余额，写在本页最后一行和下页第一行有关栏内，并在摘要栏内注明"过次页"和"承前页"字样；也可以将本页合计数及金额只写在下页第一行有关栏内，并在摘要栏内注明"承前页"字样。

（8）下列情况可以用红色墨水记账。

① 按照红字冲账的记账凭证，冲销错误记录。

② 在仅设借（贷）方的多栏式账页中，登记冲减数。

③ 划更正线、结账线和注销线。

④ 账页在没印明余额方向时，用红字表示"负数"。

三、实训用时

本实训用时 1 学时。

四、实训内容

1．实训任务

任务一　开设"原材料"、"生产成本"总账及其所属明细分类账，并登记期初余额；

任务二　根据所附原始凭证编制通用记账凭证；

任务三　根据通用记账凭证登记"原材料"、"生产成本"总账及所属的明细分类账（以材料核算为主）。

任务四　根据平行登记原理，检查总分类账户及其所属明细分类账的平衡关系是否成立。

2．实训资料

（1）安泰有限公司 2008 年 6 月初有关账户余额如下。

①"原材料"总分类账余额 50 000 元。

原材料——1#材料：数量 3 500 公斤；单位成本 10.00 元，金额 35 000 元。

原材料——2#材料：数量 1 875 公斤；单位成本 8.00 元，金额 15 000 元。

②"生产成本"总分类账与其明细分类账无期初余额。

（2）本期发生下列业务。

① 6 月 1 日，购入 1#材料、2#材料，材料验收入库，货款用存款支付，各单据如表 2-7-1～表 2-7-5 所示。

表 2-7-1　　　　　安 泰 公 司 材 料 验 收 单（第二联 交会计记账）

材料类别：原材料　　　　　　验收日期 2008 年 6 月 1 日　　　　　　验收：字 0432 号

发 票 号 码	名 称	规格	单位	购 进			验 收		
				数量	单价	金额	数量	单价	金额
No.0757613	1#材料		公斤	1 000	9.90	9 900	1 000	10.00	10 000
No.0757613	2#材料		公斤	2 000	7.90	15 800	2 000	8.00	16 000
进 货 单 位	潜发实业公司			运杂费		300	采购员姓名		汪平
备　　　注				合　计		26 000	附 单 据		2 张

供销科长：张进　　　会计：李莉　　　保管员：薛华　　　复核：郑勇　　　制单：王枫

表2-7-2　　　　增 值 税 专 用 发 票 （第二联　随货同行联）

开票日期 2008 年 6 月 1 日　　　　　　No. 3757641

购货单位	名　称	安泰有限公司			纳税人登记号							440300813579001							
	地址、电话				开户银行及账号							工行华强支行 2345111							

商品或劳务名称	计量单位	数量	单价	金　　　　额								税率(%)	金　　　　额						
				十	万	千	百	十	元	角	分		十	万	千	百	十	元	角	分
1#材料	公斤	1 000	9.9			9	9	0	0	0	0	17			1	6	8	3	0	0
2#材料	公斤	2 000	7.9		1	5	8	0	0	0	0	17			2	6	8	6	0	0
合　计					2	5	7	0	0	0	0				4	3	6	9	0	0

价税合计（大写）	零佰零拾叁万零仟零佰陆拾玖元零角零分	￥ 30 069.00

销货单位	名称	潜发实业公司	纳税人登记号	440300213577666
	地址、电话		开户银行及账号	工行梅林支行 7654320

收款人：刘梦　　　　　　　　　（潜发实业公司　开票单位专用章无效）

表2-7-3

中国工商银行支票存根（粤）

支票号码　XV 0038596
附加信息　　　　　　　　　

出票日期 2008 年 6 月 1 日

收款人：潜发实业公司
金　额：￥30 069.00
用　途：采购

单位主管 刘伟　　会计 李莉

表2-7-4　　　　　汽 车 运 费 结 算 单

2008 年 6 月 1 日　　　　　　第 0001 号

发运单位：潜发实业公司	备注：由收货单位负担，代安泰有限公司垫付
收货单位：安泰有限公司	
承运单位：捷运物流公司	
运费金额：人民币（大写）叁佰元整	￥300.00
货物：1#材料 1 000 公斤，2#材料 2 000 公斤	
验收：	验收人章
财会：核销	捷运物流公司　财务专用章

② 6 月 1 日，为生产甲产品领用 1#、2#材料。

表 2-7-5 　　　　　安 泰 公 司 领 料 单（第三联 会计部门记账）

领料部门：生产车间　　　　　　　　　　2008 年 6 月 1 日　　　　　　　　　　编号：1848

材　料		单位	数　量		单价	总　　　　价							过账
名　称	规格		请领	实发		十	万	千	百	十	元	角	分	
1# 材料		公斤	500	500	10.00		￥	5	0	0	0	0	0	
2# 材料		公斤	1 500	1 500	8.00	￥	1	2	0	0	0	0	0	
工作单号		用途	用于甲产品生产											
工作项目														

会计：**李莉**　　　记账：**王琳**　　发料：**薛华**　　主管：**张进**　　领料：**王强**

3．实训用品

各实训表格如表 2-7-6～表 2-7-18。

表 2-7-6 　　　　　　　　　　　　　　记 账 凭 证

日期：　　年　月　日　　　　　　　　　　　　　　第　　号

摘　　要	总账科目	明细科目	借方金额	贷方金额	记账
附单据　　张	合　　　计				

核　准：　　　复　核：　　　记　账：　　　出　纳：　　　制　单：　　　签　收：

表 2-7-7 　　　　　　　　　　　　　　记 账 凭 证

日期：　　年　月　日　　　　　　　　　　　　　　第　　号

摘　　要	总账科目	明细科目	借方金额	贷方金额	记账
附单据　　张	合　　　计				

核　准：　　　复　核：　　　记　账：　　　出　纳：　　　制　单：　　　签　收：

表2-7-8   记 账 凭 证

日期：　年　月　日　　　　　　　　　第　号

摘　要	总账科目	明细科目	借方金额	贷方金额	记账
附单据　张	合　　计				

核　准：　　　复　核：　　　记　账：　　　出　纳：　　　制　单：　　　签　收：

表2-7-9   记 账 凭 证

日期：　年　月　日　　　　　　　　　第　号

摘　要	总账科目	明细科目	借方金额	贷方金额	记账
附单据　张	合　　计				

核　准：　　　复　核：　　　记　账：　　　出　纳：　　　制　单：　　　签　收：

表2-7-10   总分类账

总账科目：　　　　　　　　　　　　　　　　　　　　　第　页

××年		凭证		摘　要	借　方	贷　方	借或贷	余　额
月	日	类别	号数					

表2-7-11 　　　　　　　　　　　　　　　　　总分类账

总账科目：　　　　　　　　　　　　　　　　　　　　　　　　　　　　　　　　　第　　页

××年		凭证		摘　要	借　方	贷　方	借或贷	余　额
月	日	类别	号数					

表2-7-12 　　　　　　　　　　　　　　　　　总分类账

总账科目：　　　　　　　　　　　　　　　　　　　　　　　　　　　　　　　　　第　　页

××年		凭证		摘　要	借　方	贷　方	借或贷	余　额
月	日	类别	号数					

表2-7-13 　　　　　　　　　　　　　　　　　总分类账

总账科目：　　　　　　　　　　　　　　　　　　　　　　　　　　　　　　　　　第　　页

××年		凭证		摘　要	借　方	贷　方	借或贷	余　额
月	日	类别	号数					

表2-7-14 　　　　　　　　　　　　　　　　　总分类账

总账科目：　　　　　　　　　　　　　　　　　　　　　　　　　　　　　　　　　第　　页

××年		凭证		摘　要	借　方	贷　方	借或贷	余　额
月	日	类别	号数					

表 2-7-15 数量金额式明细分类账

类　别：　　　　　计划单价：　　　　　最高储量：　　　　　存放地点：　　　　第　页
品名规格：　　　　材料代码：　　　　　最低储量：　　　　　编　　号：　　　　计量单位：

年		凭证号数	摘要	收　入			发　出			结　存		
月	日			数量	单价	金额	数量	单价	金额	数量	单价	金额

表 2-7-16 数量金额式明细分类账

类　别：　　　　　计划单价：　　　　　最高储量：　　　　　存放地点：　　　　第　页
品名规格：　　　　材料代码：　　　　　最低储量：　　　　　编　　号：　　　　计量单位：

年		凭证号数	摘要	收　入			发　出			结　存		
月	日			数量	单价	金额	数量	单价	金额	数量	单价	金额

表 2-7-17 生产成本明细账

产品名称：　　　　　　　　　　　　　　　　　　　　　　　　　　第　页

年		凭证号数	摘　要	合　计	成　本　项　目		
月	日				直接材料	直接人工	制造费用

表 2-7-18 总分类账户与明细分类账户核对表

账　户	期　初　余　额	本期借方发生额	本期贷方发生额	期末余额

技能训练八　对账和结账

一、目的要求

通过实训使学生掌握账簿登记的基本规则、结账方法与对账方法。

二、实训要点

1. 对账

《会计法》第十七条规定："各单位应当定期将会计账簿记录与实物、款项及有关资料相互核对，保证会计账簿记录与实物及款项的实有数额相符、会计账簿记录与会计凭证的有关内容相符、会计账薄之间相对应的记录相符、会计账簿记录与会计报表的有关内容相符。"

对账包括账簿与凭证的核对、账簿与账簿的核对、账薄与财产物资实存数额的核对。由于对账的内容不同，对账的方法也有所不同，一般的核对方法和内容如下。

（1）账证的核对。账证核对是指将账簿与记账凭证、原始凭证进行核对，这是账账相符、账实相符、账表相符的前提条件。这种核对工作平常是通过编制凭证和记账中的"复核"环节进行的，使错账能及时发现和更正。账证核对的内容包括总账与记账凭证是否相符；明细账与记账凭证的会计科目、子目、借贷金额、摘要是否相符；序时账与记账凭证及所附原始凭证要核对经济业务的内容及金额；涉及支票的，应核对支票号码；涉及银行其他结算票据的，应核对票据种类，以保证账证相符。

（2）账账的核对。账账核对是指各种账簿之间的有关数字核对相符。通常有以下几种：

① 总账资产类科目各账户期末余额合计与负债和所有者权益类科目各账户期末余额合计应相等，每一汇总期至少要核对一次。

② 总账各账户与所辖明细账户每一汇总期至少核对一次。核对相符后，要在对账符号栏打"√"，以示账簿核对完毕。

③ 会计部门的总账、明细账与业务、仓储部门的业务账、卡和保管账之间，与有关职能部门的财产、业务周转金（备用金）之间以及有关代管、备查簿之间的账目，包括收、付、存数量和金额，每月至少要核对一次。

（3）账实的核对。账实的核对包括账物和账款的核对工作。账实核对的基本内容如下。

① 库存现金日记账的账面余额与库存现金实际库存数额应每日核对，单位主管会计每月至少应抽查一次，并填写库存现金核对情况报告单。

② 银行存款日记账的账面余额与开户银行对账单核对。通过核对，每月编制一次银行存款余额调节表。

③ 有价证券账户应与单位实存有价证券（或收款收据）相符，每半年至少核对一次。

④ 库存商品、原材料及周转材料明细账的账面余额，应定期与实存数相核对。

⑤ 各种债权、债务类明细账的账面余额与债权、债务人相核对，并督促有关责任人积极处理。

⑥ 出租、租入、出借、借入财产等账簿，除合同期满应进行清查外，至少每半年核对一次，以保证账账相符，账实相符。

2．结账

结账是指在将本期内所发生的经济业务事项全部登记入账的基础上，按照规定的方法对该期内的账簿记录进行小结，结算本期发生额合计和余额，并将其余额结转下期或者转入新账。

结账可分为月结、季结和年结等。为了正确反映一定时期内在账簿记录中已经记录的经济业务事项，总结有关经济业务活动和财务状况，各单位必须在会计期末进行结账，不能为赶编财务会计报告而提前结账，更不能先编制财务会计报告后结账。

（1）结出前，应将本期内所发生的经济业务事项全部登记入账，对需要调整的账项要及时调整。

（2）结账时，应当根据不同的账户记录，分别采用不同的方法。

① 对不需要按月结计本期发生额的账户，如各项应收、应付款明细账和各项财产物资明细账等，每次记账以后，都要随时结出余额，每月最后一笔余额即为月末余额。月末结账时，只需要在最后一笔经济业务事项记录之下通栏画单红线，不需要再结计一次余额。

② 库存现金、银行存款日记账和需要按月结计发生额的收入、费用等明细账，每月结账时，要在最后一笔经济业务事项记录下面通栏画单红线，结出本月发生额和余额，在摘要栏内注明"本月合计"字样，在下面再通栏画单红线。

③ 需要结计本年累计发生额的某些明细账户，每月结账时，应在"本月合计"行下结出自年初起至本月末的累计发生额，登记在月份发生额下面，在摘要栏内注明"本年累计"字样，并在下面再通栏画单红线。12月末的"本年累计"就是全年累计发生额，全年累计发生额下通栏划双红线。

④ 总账账户平时只需结出月末余额。年终结账时，为了总括反映全年各项资金运动情况的全貌，核对账目，要将所有总账账户结出全年发生额和年末余额，在摘要栏内注明"本年合计"字样，并在合计数下通栏画双红线。

（3）年度终了结账时，有余额的账户，要将其余额结转下一年度。结转的方法是，将有余额的账户的余额直接记入新账户的余额栏内，不需要编制记账凭证，也不必将余额再记入本年账户的借方或者贷方，使本年有余额的账户的余额变为零。因为，既然年末是有余额的账户，其余额应当如实地在账户中加以反映，否则，容易混淆有余额的账户和没有余额账户的区别。

三、实训用时

本实训用时 1 学时。

四、实训内容

1．实训任务

任务一 根据技能训练七进行对账。经济业务全部记账后，账簿记录与记账凭证要相互核对，做到账证相符；各种账簿之间相互核对，做到账账相符；

任务二　按规定方法对技能训练六库存现金日记账与银行存款日记账分别进行结账。

　2．实训用品

（1）库存现金与银行存款日记账账页（参看技能训练六）。

（2）总分类账与明细分类账账页（参看技能训练七）。

技能训练九　银行存款余额调节表的编制

一、实训目的

通过本实训，掌握银行存款余额调节表的编制方法。

二、实训要点

（1）在对银行存款进行清查的时候，清查人员通过核对单位的银行存款日记账与开户银行的对账单，可能会发现双方的记录不一致，这种情况不能说明双方的账簿记录一定就有错误，有可能是由于未达账项造成的。

（2）未达账项是指记账双方由于会计凭证传递时间的不同，造成双方在记账时间上的不一致，形成一方已经记账，而另一方尚未入账的事项。单位与开户银行之间关于未达账项存在四种情况：①企业已收款入账，银行未收款入账；②企业已付款入账，银行未付款入账；③银行已收款入账，企业未收款入账；④银行已付款入账，企业未付款入账。

（3）由于未达账项的存在，可能双方记账均无差错，而一定日期单位内的银行存款日记账余额却大于或小于银行送来的对账单的余额。这时，清查人员应确认出哪些事项属于未达账项，然后根据被确认的未达账项编制银行存款余额调节表，从而确定双方记账有无差错。如果经过余额调节，双方余额相等，说明双方的记账无误；如果经过余额调节，双方的余额不相等，说明账簿记录出现错误，这时，应进一步查明原因，更正错误。

（4）银行存款余额调节表的编制应在企业银行存款日记账余额和银行对账单余额的基础上，分别加减未达账项。调整后的双方余额应该相符，并且是企业当时实际可以动用的款项。

三、实训用时

本实训用时 1 学时。

四、实训内容

1．实训任务

任务一　阅读银行"对账单"（见表 2-9-1）和存款日记账（见表 2-9-2），找出未达账项；

任务二　编制银行存款余额调节表（见表 2-9-3）；

任务三　确定该企业当月银行存款实有数。

2．实训资料

表 2-9-1　　　　　　　　　　　　　银行对账单

2008 年		结算凭证		摘　要	借　方	贷　方	余　额
月	日	种类	号数				
9	28						449 470.00
	28	支票	2345	购料款	89 000.00		360 470.00
	29	支票	2346	办公费	980.00		359 490.00
	30	进账单	0123	收销货款		117 000.00	476 490.00
	30			代收货款		50 000.00	526 490.00
	30			代付水费	2 400.00		524 090.00
	30			存款利息		526.00	524 616.00

表 2-9-2　　　　　　　　　　　　　银行存款日记账

2008 年		凭证		摘　要	借　方	贷　方	余　额
月	日	种类	号数				
9	28	略					449 470.00
	28			支票 2345 付购料款		89 000.00	360 470.00
	29			进账单 0123 收销货款	117 000.00		477 470.00
	29			支票 2346 付办公费		980.00	476 490.00
	30			支票 2347 付广告费		5 000.00	471 490.00
	30			预付差旅费		2 000.00	469 490.00
	30			预收货款	100 000.00		569 490.00

3．实训用品

表 2-9-3　　　　　　　　　　　　　银行存款余额调节表

项　目	金　额	项　目	金　额
银行存款日记账余额 加： 减：		银行对账单的余额 加： 减：	
调节后的余额		调节后的余额	

技能训练十　错账的更正

一、实训目的

通过实训使学生掌握各种错账的更正方法。

二、实训要点

（1）账簿记录有错误，而记账凭证没有错误，纯属记账时文字的笔误，应采取划线更正法更正。更正的方法：用红笔将错误的文字或数位划一条横线，然后，将正确的数位用蓝字或黑字填写在划线上面，并由更正人员在更正处签章。

（2）记账凭证中应借、应贷会计科目或记账方向有错误且已记账，应采用红字更正法。更正方法：先用红字金额填制一张与原错误记账凭证内容完全相同的记账凭证，在摘要栏注明"冲销某月某日第×号凭证错账"，并据以用红字登记入账，冲销原有错误的账簿记录，然后，再用蓝字或黑字填制一张正确的记账凭证，在摘要栏注明"更正某月某日第×号凭证错账"，据以用蓝字或黑字登记入账。

记账以后，如果发现记账凭证中应借、应贷的会计科目、记账方向都没有错误，只是所记金额大于应记的正确金额，也采用红字更正法。更正方法：将多记的金额用红字填制一张与原错误记账凭证所记的借贷方向、会计科目相同的记账凭证，在摘要栏注明"冲销某月某日第×号凭证错账"，并据以登记入账，以冲销多记金额。

（3）记账以后，如果发现记账凭证中应借、应贷的会计科目与记账方向都没有错误，只是所记金额小于应记的正确金额，应采用补充登记法。更正方法：将少记的金额用蓝字或黑字填一张与原错误记账凭证所记的借贷方向一致的记账凭证，在摘要栏注明"补记某月某日第×号凭证的错账"，并据以登记入账，以补记少记金额。

三、实训用时

本实训用时 2 学时。

四、实训内容

1．实训任务

任务一　指出以下错账的类型；

任务二　按照规定的错账更正方法予以更正。

2．实训资料

安泰有限公司于 2008 年 7 月在全部业务登账后发现如下错账（账簿记录附后）：

（1）7 月 1 日，以银行存款归还前欠华商公司的购货款 54 000 元，填写表 2-10-1。

表 2-10-1

付 款 凭 证

贷方科目：**银行存款**　　　　日期：2008 年 7 月 1 日　　　　　　　　　　银付 1 号

摘　　要	借 方 科 目		金　　额	记账标记
	总账科目	明细账科目		
归还欠款	**应付账款**	**华商公司**	**45 000.00**	∨
附单据 1 张	合　　　　计		**￥45 000.00**	∨

核　准：　　　复　核：**刘伟**　　记　账：**李莉**　　出　纳：**王月**　　制　单：**王月**　　签　收：

（2）7月1日，生产车间购买办公用品260元，开出支票支付，填写表2-10-2。

表2-10-2　　　　　　　　　　　　付 款 凭 证

贷方科目：**银行存款**　　　　　日期：2008 年 7 月 1 日　　　　　　　银付2 号

摘　要	借 方 科 目		金　额	记账标记
	总账科目	明细账科目		
购买办公用品	管理费用	办公费	260.00	√
附单据 2 张	合　　　计		￥260.00	√

核 准：　复 核：**刘伟**　记 账：**李莉**　出 纳：**王月**　制 单：**王月**　签 收：

（3）7月1日，从银行提取现金1000元备用，填写表2-10-3。

表2-10-3　　　　　　　　　　　　付 款 凭 证

贷方科目：**银行存款**　　　　　日期：2008 年 7 月 1 日　　　　　　　银付2 号

摘　要	借 方 科 目		金　额	记账标记
	总账科目	明细账科目		
提取现金备用	库存现金		1 000.00	√
附单据 1 张	合　　　计		￥1 000.00	√

核 准：　复 核：**刘伟**　记 账：**李莉**　出 纳：**王月**　制 单：**王月**　签 收：

（4）7月31日，计提本月借款利息，金额500元，填写表2-10-4。

表2-10-4　　　　　　　　　　　　转 账 凭 证

日期：2008 年 7 月 31 日　　　　　　　转 57 号

摘　要	总账科目	明细科目	借方金额	贷方金额	记账
计提借款利息	财务费用	利息	5 000.00		√
	应付利息			5 000.00	√
附单据 1 张	合　　　计		￥5 000.00	￥5 000.00	

核 准：　复 核：**刘伟**　记 账：**李莉**　出 纳：　制 单：**李莉**　签 收：

3．实训用品

根据上述经济业务编制如表 2-10-5～表 2-10-23 所示表格。

表 2-10-5 　　　　　　　　　　记 账 凭 证

日期：　　　年　月　日　　　　　　　　　第　　号

摘　　要	总账科目	明细科目	借方金额	贷方金额	记账
附单据　　张	合　　　计				

核　准：　　　复　核：　　　记　账：　　　出　纳：　　　制　单：　　　签　收：

表 2-10-6 　　　　　　　　　　记 账 凭 证

日期：　　　年　月　日　　　　　　　　　第　　号

摘　　要	总账科目	明细科目	借方金额	贷方金额	记账
附单据　　张	合　　　计				

核　准：　　　复　核：　　　记　账：　　　出　纳：　　　制　单：　　　签　收：

表 2-10-7 　　　　　　　　　　记 账 凭 证

日期：　　　年　月　日　　　　　　　　　第　　号

摘　　要	总账科目	明细科目	借方金额	贷方金额	记账
附单据　　张	合　　　计				

核　准：　　　复　核：　　　记　账：　　　出　纳：　　　制　单：　　　签　收：

表2-10-8

记 账 凭 证

日期： 年 月 日 第 号

摘 要	总账科目	明细科目	借方金额	贷方金额	记账
附单据　　张	合　　计				

核 准： 复 核： 记 账： 出 纳： 制 单： 签 收：

表2-10-9

记 账 凭 证

日期： 年 月 日 第 号

摘 要	总账科目	明细科目	借方金额	贷方金额	记账
附单据　　张	合　　计				

核 准： 复 核： 记 账： 出 纳： 制 单： 签 收：

表2-10-10

记 账 凭 证

日期： 年 月 日 第 号

摘 要	总账科目	明细科目	借方金额	贷方金额	记账
附单据　　张	合　　计				

核 准： 复 核： 记 账： 出 纳： 制 单： 签 收：

表 2-10-11　　　　　　　　　　　银行存款总分类账

2008 年		凭证		摘　要	借　方	贷　方	借或贷	余　额
月	日	种类	号数					
7	1			承前页			借	165 280.00
	1	银付	1	归还欠款		45 000.00	借	120 280.00
	1	银付	2	购买办公品		260.00	借	120 020.00
	1	银付	3	提现备用		1 000.00	借	119 020.00

表 2-10-12　　　　　　　　　　　库存现金总分类账

2008 年		凭证		摘　要	借　方	贷　方	借或贷	余　额
月	日	种类	号数					
7	1			承前页			借	3 500.00
	1	银付	3	提取现金	1 00.00		借	4 500.00

表 2-10-13　　　　　　　　　　　应付账款总分类账

2008 年		凭证		摘　要	借　方	贷　方	借或贷	余　额
月	日	种类	号数					
7	1			承前页			贷	54 000.00
	1	银付	1	还款	45 000.00		贷	9 000.00

表 2-10-14　　　　　　　　　　　应付利息总分类账

2008 年		凭证		摘　要	借　方	贷　方	借或贷	余　额
月	日	种类	号数					
7	1			承前页			贷	1 500.00
	31	转	57	计提借款利息		5 000.00		

表 2-10-15 　　　　　　　　　　制造费用总分类账

年		凭证		摘　要	借　方	贷　方	借或贷	余　额
月	日	种类	号数					

表 2-10-16 　　　　　　　　　　管理费用总分类账

2008 年		凭证		摘　要	借　方	贷　方	借或贷	余　额
月	日	种类	号数					
7	1	银付	2	购办公用品	260.00		借	260.00

表 2-10-17 　　　　　　　　　　财务费用总分类账

2008 年		凭证		摘　要	借　方	贷　方	借或贷	余　额
月	日	种类	号数					
7	31	转	57	计提借款利息	5 000.00		借	5 000.00

表 2-10-18 　　　　　　　　　　银行存款日记账

2008 年		凭证		摘　要	借　方	贷　方	借或贷	余　额
月	日	种类	号数					
7	1			承前页			借	165 280.00
	1	银付	1	归还欠款		45 000.00	借	120 280.00
	1	银付	2	购买办公品		260.00	借	120 020.00
	1	银付	3	提现备用		100.00	借	119 920.00

表 2-10-19　　　　　　　　　　　库存现金日记账

2008 年		凭证		摘　　要	借　方	贷　方	借或贷	余　　额
月	日	种类	号数					
7	1			承前页			借	3 500.00
	1	银付	3	提取现金	1 000.00		借	4 500.00

表 2-10-20　　　　　　　　　　　管理费用明细分类账

2008 年		凭证		摘　　要	合计	费用项目					
月	日	种类	号数			办公费	工资	…	…	…	其他
7	1			购办公用品	260.00	260.00					

表 2-10-21　　　　　　　　　　　明细分类账

总账科目：应付账款　　　　　　　　　　　　　　　　　　　明细科目：华商公司

2008 年		凭证		摘　　要	借　方	贷　方	借或贷	余　　额
月	日	种类	号数					
7	1			承前页			贷	54 000.00
	1	银付	2	还款	45 000.00		贷	9 000.00

表 2-10-22　　　　　　　　　　　财务费用明细分类账

2008 年		凭证		摘　　要	合计	费用项目					
月	日	种类	号数			利息	工资	…	…	…	其他
7	31	转	57	计提借款利息	5 000.00	5 000.00					

表 2-10-23　　　　　　　　　　　　　制造费用明细分类账

年		凭证		摘　　要	合计	费用项目					
月	日	种类	号数			办公费	工资	…	…	…	其他

技能训练十一　　资产负债表的编制

一、目的要求

通过实训熟悉资产负债表的基本结构，掌握资产负债表的编制要求和方法。

二、实训要点

资产负债表是一种静态报表，所以在编制时，应根据有关账户的期末余额填列。表中的"年初余额"栏内的各项数字，应当根据上年末资产负债表的"期末余额"栏内所列数字填列。表中的"期末余额"栏内各项数字，应根据会计账簿期末余额填列。具体的填列方法有以下几种。

（1）直接根据总分类账户余额填列。大多数报表项目都可以根据总账余额直接填列。如"应付职工薪酬"、"应交税费"、"应付股利"、"实收资本"等项目。

（2）根据若干个总分类账户余额分析计算填列。如"存货"、"货币资金"等项目。

（3）根据若干个明细分类账户余额分析计算填列。报表中有些项目需要根据若干明细分类账户的余额分析计算填列。如"应收账款"、"预收账款"、"预付账款"、"应付账款"等项目。

（4）根据总分类账户余额和明细账余额分析计算后填列。如"长期借款"项目需要根据"长期借款"总账余额扣除"长期借款"所属明细账中将在一年内到期、且企业不能自主地将清偿义务展期的长期借款后的金额计算填列。

（5）根据有关总账余额减去其备抵账户余额后填列。如"应收账款"、"固定资产"、"长期股权投资"、"无形资产"等项目。

三、实训用时

本实训用时 2 学时。

四、实训内容

1．实训任务

任务一　阅读、熟悉安泰有限公司 2008 年 1 月末账户余额资料；

任务二　编制安泰有限公司 2008 年 1 月末的资产负债表。

2．实训资料

安泰有限公司 2008 年 1 月 31 日有关总账和明细账余额如表 2-11-1 所示。

表 2-11-1　　　　　　　　　安泰有限公司总账和明细账余额

总账科目	明细账	借方余额	贷方余额	总账科目	明细账	借方余额	贷方余额
库存现金		3 484.00		累计折旧			143 320.00
银行存款		90 000.00		应付账款			8 000.00
应收票据		38 400.00			—A 公司		5 600.00
应收账款		74 000.00			—B 公司	5 000.00	
	—甲工厂	30 000.00			—C 公司		7 400.00
	—乙工厂	46 000.00		预收账款			5 000.00
	—丙工厂		2000.00		—D 公司		8 000.00
预付账款		2 000.00			—E 公司	3 000.00	
	—丁工厂	6 000.00		应付票据			57 200.00
	—戊工厂		4000.00	应交税费			21 260.00
其他应收款		1 600.00		长期借款			150 000.00
原材料		50 000.00		实收资本			5 000 000.00
生产成本		98 000.00		资本公积			120 000.00
库存商品		47 756.00		盈余公积			134 622.00
无形资产		65 000.00		利润分配			10 838.00
固定资产		5 180 000.00					

3．实训用品

资产负债表如表 2-11-2 所示。

表 2-11-2　　　　　　　　　　资产负债表

编制单位：　　　　　　　　　　　　　　　　　　　　　　　　　　　会企 01 表

　　　　　　　　　年　　月　　日　　　　　　　　　　　　　　　　单位：元

资　产	期末余额	年初余额	负债及所有者权益	期末余额	年初余额
流动资产：			流动负债：		
货币资金			短期借款		
交易性金融资产			交易性金融负债		
应收票据			应付票据		
应收账款			应付账款		
预付款项			预收账款		
应收利息			应付职工薪酬		

续表

资　　产	期末余额	年初余额	负债及所有者权益	期末余额	年初余额
应收股利			应交税费		
其他应收款			应付利息		
存货			应付股利		
一年内到期的非流动资产			其他应付款		
其他流动资产			一年内到期的非流动负债		
流动资产合计			其他流动负债		
非流动资产：			流动负债合计		
可供出售金融资产			非流动负债：		
持有至到期投资			长期借款		
长期应收款			应付债券		
长期股权投资			长期应付款		
投资性房地产			专项应付款		
固定资产			预计负债		
在建工程			递延所得税负债		
工程物资			其他非流动负债		
固定资产清理			非流动负债合计		
生产性生物资产			负债合计		
油气资产			所有者权益：		
无形资产			实收资本（或股本）		
开发支出			资本公积		
商誉			减：库存股		
长期待摊费用			盈余公积		
递延所得税资产			未分配利润		
其他非流动资产			所有者权益（或股东权益）合计		
非流动资产合计					
资产总计			负债及所有者权益（或股东权益）总计		

技能训练十二　利润表的编制

一、目的要求

通过实训熟悉利润表的基本结构、掌握利润表的编制要求和方法。

二、实训要点

利润表各项目均需填列"本期金额"和"上期金额"两栏。其中"上期金额"栏内各项数字，应当根据上年该期利润表"本期金额"栏内所列数字填列。"本期金额"栏内各期数字，除"基本每股收益"和"稀释每股收益"项目外，应当依据损益类账户的发生额填列。利润表"本期金额"各具体指标的填列分两种情况：一是根据有关账户的发生额分析填列，如管理费用、财务费用、销售费用等项目；二是根据有关数据分析计算填列，如营业利润等。

三、实训用时

本实训用时 1 学时。

四、实训内容

1．实训任务

任务一　阅读并熟悉安泰有限公司 2008 年 1 月末账户余额资料；

任务二　编制安泰有限公司 2008 年 1 月的利润表。

2．实训资料

安泰有限公司 2008 年 1 月有关损益类账户发生情况如表 2-12-1 所示。

表 2-12-1　　　　　　　　　安泰有限公司损益类账产情况统计表

账 户 名 称	借方发生额	贷方发生额
主营业务收入		150 000.00
其他业务收入		60 000.00
投资收益		13 000.00
营业外收入		4 000.00
主营业务成本	100 000.00	
销售费用	20 000.00	
营业税金及附加	5 000.00	
其他业务成本	40 000.00	
管理费用	30 000.00	
财务费用	8 000.00	
营业外支出	400.00	
所得税费用	7 080.00	

3．实训用品

利润表如表 2-12-2 所示。

表 2-12-2　　　　　　　　　　　利润表

会企 02 表

编制单位：　　　　　　　　　　年　　月　　　　　　　　　　单位：元

项　　目	本期金额	上期金额
一、营业收入		
减：营业成本		
营业税金及附加		
销售费用		

续表

项 目	本期金额	上期金额
管理费用		
财务费用		
资产减值损失		
加：公允价值变动收益（损失以"–"填列）		
投资收益（损失以"–"填列）		
其中：对联营企业和合营企业的投资收益		
二、营业利润（亏损以"–"号填列）		
加：营业外收入		
减：营业外支出		
其中：非流动资产处置损失		
三、利润总额（亏损以"–"号填列）		
减：所得税费用		
四、净利润（净亏损以"–"号填列）		
五、每股收益：		
（一）基本每股收益		
（二）稀释每股收益		

技能训练十三　科目汇总表的编制

一、目的要求

通过实训熟悉科目汇总表的基本结构、掌握科目汇总表的编制要求和方法。

二、实训要点

根据记账凭证，按照相同的会计科目归类，定期汇总每一个会计科目的借方发生额和贷方发生额，并填入科目汇总表的相应栏目内，按会计科目汇总后，应加总借方、贷方发生额，进行发生额的试算平衡。

三、实训用时

本实训用时 1 学时。

四、实训内容

1．实训任务

任务一　根据技能训练三编制的通用记账凭证，按会计科目进行分类，计算出每一总账科目本期借方发生额合计、贷方发生额合计；并将各总分类账户及其本期发生额填入科目汇总表；

任务二　进行试算平衡。

2．实训用品

科目汇总表如表2-13-1所示。

表2-13-1　　　　　　　　　　科目汇总表

年　月　日至　　月　日　　　　　　科汇　　号

总账科目	本期发生额		备注 （记账凭证起讫号）
	借　方	贷　方	

第三篇　基础会计综合项目训练

任务一　熟悉企业情况，建账并登记期初余额

熟悉企业情况和有关会计制度。熟悉实训企业的概况、会计法规政策、会计基础工作规范及该企业采用的内部会计核算方法等。

建账并登记期初余额。根据给定的建账资料，开设总分类账、明细分类账、库存现金日记账和银行存款日记账，将11月末余额转入本月，登入各账页的余额栏内，在摘要栏内填写"承前页"字样。为简化核算工作，只需按建账的要求设置有关明细账，除根据经济业务发生情况增设必要的账户外，其他明细分类账的登记可以省略。

任务二　审核原始凭证、编制记账凭证、登记账簿

（1）阅读、审核原始凭证。

（2）编制记账凭证（建议采用通用记账凭证）。

（3）整理、粘贴原始凭证。将12月份经济业务所填制或取得的各种原始凭证进行审核，按业务序号裁剪，加以整理分类，并将原始凭证附在记账凭证之后。

（4）登记日记账和明细账。根据记账凭证及所附的原始凭证，并按业务发生的顺序逐笔登记日记账和明细账。

（5）登记总账。根据记账凭证登记总分类账。

任务三　对账、编制试算平衡表、结账

（1）月末，计算和结转本月完工产品成本；计算本月利润；年终结算全年利润并进行分配与结转；全部经济业务入账之后，根据各账户本期发生额及余额，进行审核、对账。

（2）进行试算平衡。编制试算平衡表，做到账证相符、账账相符、账表相符。

（3）进行结账。

（4）编制会计报表。依据账簿资料编制会计报表。

任务四　会计资料装订和整理

（1）整理和装订会计凭证、会计账页和会计报表。

（2）实训资料归档。实训结束前，学生将装订好的记账凭证、账簿及报表交实训指导教师审阅评分、并归档。

（3）写出实训报告。每位实训学生按照有关要求撰写并按时提交实训报告。

实训说明

1．实训用品

本次综合项目实训需要的凭证、账页、报表及其他材料（每位实训学生）列表如表3-4-1所示。

表3-4-1　　　　　　　　　凭证、账页、报表及其他材料列表

序　号	资 料 名 称	数　量	备　注
1	记账凭证（通用）	2本	100张
2	记账凭证封面	2张	
3	总分类账账页	1本	1本（100页）
4	三栏式明细账账页	20张	
5	多栏式明细账账页	12张	
6	数量金额式明细账账页	5张	
7	生产成本明细账账页	2张	
8	应交增值税明细账账页	2张	
9	现金日记账账页、银行存款日记账账页	各2张	
10	试算平衡表	2张	
11	资产负债表、利润表	各1套	
12	报表封面	1张	
13	档案袋	1个	
14	计算器	1台	
15	剪刀	1把	
16	胶水	1瓶	
17	夹子或回形针	若干	
18	装订用棉线等	若干	
19	装订机		每个实训班两台

2．实训时间

本次综合实训学时为60课时（两周），每天安排6课时。

3．实训考核

（1）日常操作情况考核。实训指导教师在指导实训的过程中不定时的对学生的操作情况进行核查，根据核查情况对学生的日常操作进行成绩评定。本部分考核占实训成绩的40%。

（2）实训资料完成情况考核。指导教师根据学生完成实训的态度、实训成果的质量及实际操作能力进行综合评定。评定的内容包括：会计凭证的填制、会计账簿的登记、会计报表的编制是否符合要求，会计科目使用是否正确，会计数据计算是否准确，会计凭证和会计账簿的摘要是否清楚等。本部分考核占实训成绩的30%。

（3）出勤考核。根据学生出勤情况进行评定。本部分考核占实训成绩的10%。

（4）实训报告考核。对学生提交的实训报告，从报告内容的完整性、撰写质量、按时提交等方面进行考评。本部分考核占实训成绩的 20%。

4．实训资料

（1）安泰有限公司 2008 年 11 月末账户余额如表 3-4-2 所示。

表 3-4-2　　　　　　　　　安泰有限公司 2008 年 11 月末账户余额

总 账 科 目	明 细 账	借 方 余 额	贷 方 余 额
库存现金		1 680.00	
	库存现金日记账	1 680.00	
银行存款		725 660.00	
	银行存款日记账	725 660.00	
应收账款		66 000.00	
	——罗顿有限公司	50 000.00	
	——华荣实业公司	16 000.00	
原材料		96 000.00	
	——1#材料	4000 公斤；单位成本 10 元 金额　40 000.00	
	——2#材料	7000 公斤；单位成本 8 元 金额　56 000.00	
生产成本		31 140.00	
	——甲产品	材料　12 000.00 人工　6 000.00 制造费用　2 000.00	
	——乙产品	材料　7 000.00 人工　2 500.00 制造费用　1 640.00	
库存商品		230 000.00	
	——甲产品	2000 件；单位成本 40 元 金额　80 000.00	
	——乙产品	6000 件；单位成本 25 元 金额　150 000.00	
固定资产		6 500 000.00	
累计折旧			1 000 000.00
短期借款			375 000.00
	——工行（半年期）		375 000.00
应付账款			50 000.00
	——伟强公司		30 000.00
	——潜发实业公司		20 000.00
应付职工薪酬			139 000.00
	——工资		139 000.00
应付利息			3 000.00
实收资本			5 000 000.00
	——长运发展公司		3 000 000.00
	——宏远实业公司		2 000 000.00
盈余公积			490 000.00
	法定盈余公积		260 000.00

总账科目	明细账	借方余额	贷方余额
	任意盈余公积		230 000.00
本年利润			560 000.00
利润分配			33 480.00
	——未分配利润		33 480.00

（2）安泰有限公司 2008 年 12 月发生下列的交易或事项（附原始单据见表 3-4-3～表 3-4-69）。

表 3-4-3　　中 国 工 商 银 行 借 款 凭 证（代回单）（第四联　交借款单位）

编号 8011

2008 年 12 月 1 日　　　　　　　　　　　对方科目

借款单位名　称	安泰有限公司	放款账号	5—11	往 来 账 号		华强支行 2345111				
借 款 金 额	人民币（大写）叁拾万元整			十	万	千	百	十	元	角	分
				3	0	0	0	0	0	0	0

种类	半 年 期生 产 周 转 借 款（按季付息）	单位提出期限	自 2008 年 12 月 1 日起至 2009 年 5 月 31 日止	年利率	4.8%
		银行核定期限	自 2008 年 12 月 1 日起至 2009 年 5 月 31 日止		

上列借款已收入你单位往来户内　此致　　　单位　　（银行盖章）	单位会计分录

表 3-4-4a　　　　中 国 工 商 银 行 进 账 单（回单或收款通知）

进账日期 2008 年 12 月 1 日　　　　　　　　第 2540 号

收款人	全　称	安泰有限公司	付款人	全　称	长运发展公司								
	账　号	2345111		账　号	3388099								
	开户银行	工行华强支行		开户银行	工行红岭支行								
人民币（大写）壹佰万元整				千	百	十	万	千	百	十	元	角	分
				¥ 1	0	0	0	0	0	0	0	0	0

票据种类	转账支票
票据张数	1

收到长运发展公司投资款，增加"实收资本—长运发展公司"账户
账户

收款人开户银行盖章

单位主管　　会计　　复核　　记账

表 3-4-4b　　　　　　固 定 资 产 调 拨 单

2008 年 12 月 1 日　　　　　　　　第 021 号

投资单位名称		宏远有限公司		接受投资单位		安泰有限公司	
固定资产名　称	规格型号	单位	数量	预计使用年　限	已使用年　限	原始价值	已提折旧	备　注
仪器		台	1	10	0	100 万元	0	全　新
技术鉴定	宏远实业公司财务专用章 设备完好			评估价值	安泰有限公司财务专用章 100万元		

投资单位签章　　　　　　　　　被投资单位签章

表 3-4-4c

投 资 协 议 书

经双方协商，宏远实业公司将一台价值 100 万元、不需安装的仪器向安泰有限公司投资，投资期限 10 年，每年按照投资比例分配税后利润。

特签此协议

甲 方 （投 资 单 位）：宏远实业公司
乙方（接受投资单位）：安泰有限公司
2008 年 12 月 1 日

表 3-4-5a 增 值 税 专 用 发 票（第四联 记账联）

开票日期 2008 年 12 月 1 日   No. 0752811

购货单位	名 称		华荣实业公司			纳税人登记号			440300826657788								
	地址、电话					开户银行及账号			工行福民支行 5678001								
商品或劳务名称	计量单位	数量	单价	金 额							税率(%)	金 额						
				十	万	千	百	十	元	角	分		十	万	千	百	十	元	角	分
甲产品	件	500	100		5	0	0	0	0	0	0	17			8	5	0	0	0	0
合 计					5	0	0	0	0	0	0				8	5	0	0	0	0
价税合计（大写）	零佰零拾伍万捌仟伍佰零拾零元零角零分									¥ 58 500.00								
销货单位	名 称		安泰有限公司			纳税人登记号			440300813579001								
	地址、电话					开户银行及账号			工行华强支行 2345111								

安泰有限公司 财务专用章

开票单位（未盖章无效）

收款人：

表 3-4-5b 中 国 工 商 银 行 进 账 单（回单或收款通知）

进账日期 2008 年 12 月 1 日   第 2541 号

收款人	全 称	安泰有限公司	付款人	全 称	华荣实业公司									
	账 号	2345111		账 号	5678001									
	开户银行	工行华强支行		开户银行	工行福民支行									
人民币（大写）伍万捌仟伍佰元整					千	百	十	万	千	百	十	元	角	分
							¥	5	8	5	0	0	0	0
票据种类	转账支票													
票据张数	1													
收到货款				收款人开户银行盖章										
单位主管 会计 复核 记账														

此联是收款开户行给收款人的回单或收账通知

表3-4-6

中国工商银行支票存根（粤）

支票号码 XV0019930
附加信息 _____
_____
_____

出票日期 2008 年 12 月 2 日

| 收款人：安泰有限公司 |
| 金 额：￥139 000.00 |
| 用 途：提现备发工资 |

单位主管 刘伟　会计 李莉

表3-4-7 　　　安 泰 公 司 工 资 结 算 明 细 表（工资单）

2008 年 12 月 2 日　　　　　　　　　　第 1 页

姓　　名	标 准 工 资	补　　贴	实 发 数	签　　名
郑凯	1 800.00	300.00	2 100.00	郑凯
王海宝	1 600.00	200.00	1 800.00	王海宝
…	…	…	…	…
…	…	…	…	…
…	…	…	…	…
…	…	…	…	…
…	…	…	…	…
…	…	…	…	…
…	…	…	…	…
…	…	…	…	…
…	…	…	…	…
…	…	…	…	…
…	…	…	…	…
张仁新	1 500.00	100.00	1 600.00	张仁新
合计	120 000.00	19 000.00	139 000.00	

表 3-4-8

中 国 工 商 银 行 进 账 单（回单或收款通知）

进账日期 2008 年 12 月 3 日   第 2542 号

<table>
<tr><td rowspan="3">收款人</td><td>全　称</td><td>安泰有限公司</td><td rowspan="3">付款人</td><td>全　称</td><td colspan="9">罗顿有限公司</td></tr>
<tr><td>账　号</td><td>2345111</td><td>账　号</td><td colspan="9">2234558</td></tr>
<tr><td>开户银行</td><td>工行华强支行</td><td>开户银行</td><td colspan="9">工行东湖支行</td></tr>
<tr><td colspan="3" rowspan="2">人民币（大写）伍万元整</td><td>千</td><td>百</td><td>十</td><td>万</td><td>千</td><td>百</td><td>十</td><td>元</td><td>角</td><td>分</td></tr>
<tr><td></td><td></td><td>￥</td><td>5</td><td>0</td><td>0</td><td>0</td><td>0</td><td>0</td><td>0</td></tr>
<tr><td>票据种类</td><td>转账支票</td><td colspan="11" rowspan="4">收款人开户银行盖章</td></tr>
<tr><td>票据张数</td><td>1</td></tr>
<tr><td colspan="3">收到罗顿有限公司所欠货款，冲减"应收账款—罗顿有限公司"账户</td></tr>
<tr><td colspan="3">单位主管　　会计　　复核　　记账</td></tr>
</table>

此联是收款开户行给收款人的回单或收账通知

表 3-4-9a

深 圳 市 行 政 事 业 性 收 费 专 用 票 据

No. 0056382

付款单位：安泰有限公司　　　　　　2008 年 12 月 3 日

<table>
<tr><td rowspan="2">项　　目</td><td rowspan="2">单位</td><td rowspan="2">数量</td><td rowspan="2">单　价</td><td colspan="7">金　　　　额</td><td rowspan="9">第二联　收据</td></tr>
<tr><td>十</td><td>万</td><td>千</td><td>百</td><td>十</td><td>元</td><td>角</td><td>分</td></tr>
<tr><td>培训费</td><td>次</td><td>1</td><td>150</td><td></td><td></td><td></td><td>1</td><td>5</td><td>0</td><td>0</td><td>0</td></tr>
<tr><td></td><td></td><td></td><td></td><td></td><td></td><td></td><td></td><td></td><td></td><td></td><td></td></tr>
<tr><td></td><td></td><td></td><td></td><td></td><td></td><td></td><td></td><td></td><td></td><td></td><td></td></tr>
<tr><td></td><td></td><td></td><td></td><td></td><td></td><td></td><td></td><td></td><td></td><td></td><td></td></tr>
<tr><td colspan="4">合计人民币（大写）壹佰伍拾元整</td><td></td><td></td><td>￥</td><td>1</td><td>5</td><td>0</td><td>0</td><td>0</td></tr>
</table>

会计进修学院 财务专用章

单位（印章）　　　　　地址：　　　　　　　　　　　　　开票人：吴婕

表 3-4-9b

中国工商银行支票存根（粤）

支票号码　XV0019931

附加信息　_____

_____

_____

出票日期　2008 年 12 月 3 日

| 收款人：会计进修学院 |
| 金　　额：￥150.00 |
| 用　　途：培训费 |

单位主管　刘伟　　会计　李莉

表 3-4-10a　　　　增 值 税 专 用 发 票（第二联　发票联）

开票日期 2008 年 12 月 3 日　　　　　　　No. 0757613

购货单位	名　　称	安泰有限公司									纳税人登记号			440300813579001							
	地址、电话										开户银行及账号			2345111							
商品或劳务名称	计量单位	数量	单价	\multicolumn{8}{c}{金　　额}	税率(%)	\multicolumn{8}{c}{金　　额}
				十	万	千	百	十	元	角	分		十	万	千	百	十	元	角	分
1# 材料	公斤	1000	9.9			9	9	0	0	0	0	17		1	6	8	3	0	0
2# 材料	公斤	2000	7.9		1	5	8	0	0	0	0	17		2	6	8	6	0	0
合　　计					2	5	7	0	0	0	0			4	3	6	9	0	0
价税合计（大写）	\multicolumn{11}{l}{零佰零拾叁万零仟零佰陆拾玖元零角零分}	\multicolumn{9}{l}{￥ 30 069.00}
销货单位	名　　称	潜发实业公司				纳税人登记号						440300213577666								
	地址、电话					开户银行及账号						工行梅林支行 7654320								

潜发实业公司
财务专用章

收款人：刘梦　　　　　　　　　　　　　　开票单位（未盖章无效）

表 3-4-10b　　　　汽 车 运 费 结 算 单

2008 年 12 月 3 日　　　　　　第 0001 号

发运单位：潜发实业公司	备注：由收货单位负担，代安泰有限公司垫付
收货单位：安泰有限公司	
承运单位：捷运物流公司	
运费金额：人民币（大写）叁佰元整	￥300.00
货物：1#材料 1 000 公斤，2#材料 2 000 公斤	
验收：	验收人章
财会：核 销	捷运物流公司 财务专用章

表 3-4-10c

安 泰 公 司 转 账 单

2008 年 12 月 3 日   转字 1201

子目或户名	摘 要	金 额
在途物资—1#材料	运杂费分摊	
在途物资—2#材料	运杂费分摊	
（注：按重量分摊运费）		
合计金额 人民币（大写）：		￥

主管：   复核：   制单：

表 3-4-11

中国工商银行支票存根（粤）

支票号码   XV0019932
附加信息

出票日期 2008 年 12 月 4 日

收款人：伟强公司	
金 额：￥30 000.00	
用 途：偿还货款	

单位主管 刘伟   会计 李莉

表 3-4-12   安 泰 公 司 材 料 验 收 单 （第二联 交会计记账）

材料类别：原材料   验收日期 2008 年 12 月 4 日   验收：字 8452 号

发票号码	名称	规格	单位	购 进			验 收		
				数量	单价	金额	数量	单价	金额
No.0757613	1#材料		公斤	1 000	9.90	9 900	1 000	10.0	10 000
No.0757613	2#材料		公斤	2 000	7.90	15 800	2 000	8.00	16 000
供货单位	潜发实业公司			运杂费	300		采购员姓名	汪平	
备 注				合 计	26 000		附单据	2张	

供销科长：张进   会计：李莉   保管员：薛华   复核：郑勇   制单：王枫

表 3-4-13a

中国工商银行支票存根（粤）

支票号码　XV0019933
附加信息

出票日期 2008 年 12 月 5 日

收款人：海港酒店	
金　额：￥2 000.00	
用　途：业务招待费	

单位主管 刘伟　会计 李莉

表 3-4-13b　深 圳 市 饮 食 业 专 用 发 票　(第二联 发票联)

No. 0076482

付款单位：安泰有限公司　　　　　　2008 年 12 月 5 日

项　目	单位	数量	单　价	金　　额						
				十	万	千	百	十	元	角	分
餐　费	次	1	2 000.00			2	0	0	0	0	0
			海港酒店 财务专用章							
合计人民币（大写）贰仟元整				￥	2	0	0	0	0	0

单位（印章）　　　　　　地址：　　　　　　开票人：赵小明

表 3-4-14a　增 值 税 专 用 发 票 （第四联 记账联）

开票日期 2008 年 12 月 6 日　　　　No. 0752812

购货单位	名　称	华荣实业公司								纳税人登记号	440300826657788							
	地址、电话									开户银行及账号	5678001							
商品或劳务名称	计量单位	数量	单价	金　　额								税率(%)	金　　额						
				十	万	千	百	十	元	角	分		十	万	千	百	十	元	角	分
乙产品	件	2 500	60	1	5	0	0	0	0	0	0	17	2	5	5	0	0	0	0
合　　计				1	5	0	0	0	0	0	0		2	5	5	0	0	0	0
价税合计（大写）	零佰壹拾柒万伍仟伍佰零拾零元零角零分									￥175 500.00									
销货单位	名　称	安泰有限公司								纳税人登记号	440300813579001							
	地址、电话									开户银行及账号	工行华强支行 2345111							

安泰有限公司 财务专用章

收款人：梅秋实　　　　　　　　　　开票单位（未盖章无效）

表 3-4-14b

商 业 承 兑 汇 票

出票日期 贰零零捌年壹拾贰月零陆日　　　　第 1542 号

付款人	全　称	华荣实业公司	收款人	全　称	安泰有限公司
	账　号	5678001		账　号	2345111
	开户银行	工行福民支行		开户银行	工行华强支行

出票金额	人民币（大写）壹拾柒万伍仟伍佰元整	千	百	十	万	千	百	十	元	角	分
			¥	1	7	5	5	0	0	0	0

汇票到期日	贰零零玖年零贰月零陆日	交易合同号码	00001

出票人签章　（华荣实业公司 财务专用章）

表 3-4-15a　　**安 泰 公 司 领 料 单**（第三联 会计部门记账）

领料部门：生产车间　　　　　　2008 年 12 月 6 日　　　　　　编号：9844

材料名称	规格	单位	请领	实发	单价	十	万	千	百	十	元	角	分	过账
1# 材料		公斤	1 000	1 000	10.00	¥	1	0	0	0	0	0	0	
2# 材料		公斤	2 500	2 500	8.00	¥	2	0	0	0	0	0	0	
工作单号		用途	用于甲产品生产											
工作项目														

会计：李莉　记账：王琳　发料：薛华　主管：张进　领料：王强

表 3-4-15b　　**安 泰 公 司 领 料 单**（第三联 会计部门记账）

领料部门：生产车间　　　　　　2008 年 12 月 6 日　　　　　　编号：9845

材料名称	规格	单位	请领	实发	单价	十	万	千	百	十	元	角	分	过账
1# 材料		公斤	2 000	2 000	10.00	¥	2	0	0	0	0	0	0	
2# 材料		公斤	2 500	2 500	8.00	¥	2	0	0	0	0	0	0	
工作单号		用途	用于乙产品生产											
工作项目														

会计：李莉　记账：王琳　发料：薛华　主管：张进　领料：王强

表3-4-16a　　　　深 圳 市 广 告 业 专 用 发 票 (第二联 发票联)

付款单位: 安泰有限公司　　　　　　2008 年 12 月 7 日　　　　　　No. 0056382

项　目	单位	数量	单　价	金　额							
				十	万	千	百	十	元	角	分
广告费	次	1	2 000.00			2	0	0	0	0	0
			创新广告公司 财务专用章								
合计人民币（大写）贰仟元整				¥	2	0	0	0	0	0	

单位（印章）　　　　　　　　地址：　　　　　　　　开票人：张华

表3-4-16b

中国工商银行支票存根（粤）

支票号码　　XV0019934

附加信息

出票日期 2008 年 12 月 7 日

收款人：创新广告公司
金　额：¥ 2 000.00
用　途：付广告费

单位主管 刘伟　　会计 李莉

表3-4-17a　　　　增 值 税 专 用 发 票 （第二联 发票联）

开票日期 2008 年 12 月 8 日　　　　　　No. 0787312

购货单位	名　称			安泰有限公司						纳税人登记号		440300813579001								
	地址、电话									开户银行及账号		工行华强支行 2345111								
商品或劳务名称	计量单位	数量	单价	金　额						税率(%)	金　额							
				十	万	千	百	十	元	角	分		十	万	千	百	十	元	角	分
1# 材料	公斤	2 000	9.9		1	9	8	0	0	0	0	17		3	3	6	6	0	0
2# 材料	公斤	5 000	7.9		3	9	5	0	0	0	0	17		6	7	1	5	0	0
合　计					5	9	3	0	0	0	0		1	0	0	8	1	0	0
价税合计（大写）	零佰零拾陆万玖仟叁佰捌拾壹元零角零分							¥ 69 381.00											
销货单位	名　称		潜发实业公司							纳税人登记号		440300213577666							
	地址、电话		潜发实业公司开户银行及账号									工行梅林支行 7654320							

潜发实业公司 财务专用章

收款人：刘梦　　　　　　　　　　　　　　开票单位（未盖章无效）

表 3-4-17b

汽 车 运 费 结 算 单

2008 年 12 月 8 日 第 2008 号

发运单位：潜发实业公司	备注：由收货单位负担，代安泰有限公司垫付
收货单位：安泰有限公司	
承运单位：捷运物流公司	
运费金额：人民币（大写）柒佰元整	￥700.00
货物：1#材料 2 000 公斤，2#材料 5 000 公斤	捷运物流公司 财务专用章　　验收人章
验收：	
财会：核 销	

表 3-4-17c

安 泰 公 司 转 账 单

转账 2008 年 12 月 8 日 转字 1202

子 目 或 户 名	摘 要	金 额
在途物资—1#材料	运杂费分摊	
在途物资—2#材料	运杂费分摊	
（注：按重量分摊运费）		
合计金额 人民币（大写）：		￥

制单：

表 3-4-17d

中国工商银行支票存根（粤）

支票号码　XV0019935
附加信息

出票日期 2008 年 12 月 8 日

收款人：潜发实业公司
金　额：￥ 70 081.00
用　途：采购货款

单位主管 刘伟　会计 李莉

表 3-4-18

安 泰 公 司 借 款 单（存根）

2008 年 12 月 9 日　　　　　　　　　　　　　第 210 号

姓　　名	刘玉杰	
事　　由	借差旅费	
金　　额	人民币（大写）壹仟元整	￥1 000.00
备　　注	同意借给现金。	安泰有限公司 财务专用章 2008 年 12 月 9 日

负责人：刘伟

表 3-4-19

中国工商银行支票存根（粤）

支票号码　　XV0019936

附加信息

出票日期 2008 年 12 月 9 日

收款人：安泰有限公司
金　　额　￥ 5 000.00
用　　途　备用金

单位主管　刘伟　　会计　李莉

表 3-4-20　　　安 泰 公 司 材 料 验 收 单 　（第二联 交会计记账）

验收日期 2008 年 12 月 10 日　　　　　　　　　验收：字 8453 号

发 票 号 码	名　称	规格	单位	购　　进			验　　收		
				数量	单价	金额	数量	单价	金额
No.0787312	1#材料		公斤	2 000	9.90	19 800	2 000	10.0	20 000
No.0787312	2#材料		公斤	5 000	7.90	39 500	5 000	8.00	40 000
供 货 单 位	潜发实业公司			运杂费		700	采购员姓名		汪平
备　　　注				合　计		60 000	附 单 据		2 张

供销科长：张进　　　仓库会计：王琳　　　保管员：薛华　　　复核：郑勇　　　制单：王枫

表 3-4-21a　　　　红 旗 商 场 销 货 发 票 （第二联 购买单位收执）

购货单位：安泰有限公司　　　　　　2008 年 12 月 11 日　　　　　第 74508 号

品　名	规格	单位	数量	单　价	金　额						备　注
					千	百	十	元	角	分	
材料纸		包	50	8.00		4	0	0	0	0	车间领用 200 元
笔记本		本	50	2.50		1	2	5	0	0	销售机构领用 100 元
其　他							7	5	0	0	管理部门领用 300 元
合计人民币（大写）		零拾零万零仟陆佰零元零角零分			¥600.00						

表 3-4-21b

中国工商银行支票存根（粤）

支票号码　XV0019937

附加信息 _____

_____

_____

出票日期 2008 年 12 月 11 日

收款人：红旗商场
金　额：￥ 600.00
用　途：购买办公用品

单位主管 刘伟　　会计 李莉

表 3-4-22　　　　中 国 工 商 银 行 进 账 单（回单或收款通知）

进账日期 2008 年 12 月 12 日　　　　　第 2543 号

收款人	全　称	安泰有限公司	付款人	全　称	华荣实业公司										
	账　号	2345111		账　号	5678001										
	开户银行	工行华强支行		开户银行	工行福民支行										
人民币（大写）壹万陆仟元整					千	百	十	万	千	百	十	元	角	分	
							¥	1	6	0	0	0	0	0	
票据种类	转账支票														
票据张数	1														
收到华荣实业公司所欠货款，冲减"应收账款—华荣实业公司"账户				收款人开户银行盖章											
单位主管　会计　复核　记账															

此联是收款开户行给收款人的回单或收账通知

表 3-4-23a

托 收 承 付 凭 证 （回 单）

委托日期 2008 年 12 月 12 日　　　　　　　第 2003 号

电

付款人	全　称	佳和实业公司	收款人	全　称	安泰有限公司
	账　号	3543008		账　号	2345111
	开户银行	工行广州分行		开户银行	工行华强支行

托收金额	人民币（大写）玖万伍仟元整	千	百	十	万	千	百	十	元	角	分
			¥	9	5	0	0	0	0	0

附件		商品发运情况	合同名称号码
附寄票据张数	2	已发货	1012

备注：代垫运费 500 元 电划	款项收妥日期	收款人开户银行盖章

单位主管：　　　　　会计：　　　　　复核：　　　　　记账：

表 3-4-23b

增 值 税 专 用 发 票 （第四联 记账联）

开票日期 2008 年 12 月 12 日　　　　　　No. 0752813

购货单位	名　称	佳和实业公司	纳税人登记号	440100654301133
	地址、电话		开户银行及账号	工行广州分行 3543008

商品或劳务名称	计量单位	数量	单价	金　额								税率(%)	金　额							
				十	万	千	百	十	元	角	分		十	万	千	百	十	元	角	分
甲产品	件	200	100		2	0	0	0	0	0	0	17			3	4	0	0	0	0
乙产品	件	1 000	60		6	0	0	0	0	0	0	17		1	0	2	0	0	0	0
合　计					8	0	0	0	0	0	0			1	3	6	0	0	0	0

价税合计（大写）	零佰零拾玖万叁仟陆佰零拾零元零角零分	¥93 600.00

销货单位	名　称	安泰有限公司	纳税人登记号	440300813579001
	地址、电话		开户银行及账号 安泰有限公司	工行华强支行 2345111

收款人：梅秋实　　　　　　　　　　财务专用章　开票单位（未盖章无效）

表 3-4-23c

中国工商银行支票存根（粤）

支票号码　XV0019938

附加信息 _____

_____

_____

出票日期 2008 年 12 月 12 日

| 收款人：捷运物流公司 |
| 金　额：￥1 400.00 |
| 用　途：代垫运费 |

单位主管 刘伟　　会计 李莉

表 3-4-24a

安 泰 公 司 差 旅 费 报 销 单

姓名：刘玉杰　　　　　　　　　2008 年 12 月 13 日

起止日期	起止地点	汽车费	火车费	飞机费	途中补助	住宿费	住勤补助	杂费	合计	单据
12 月 9 日	略	101.00			69.00				170.00	3
11-12 日	住勤					480.00	120.00	30.00	630.00	10
12 月 12 日	略		111.00		69.00				180.00	3
合　计		101.00	111.00		138.0	480.00	120.00	30.00	980.00	16

合计核销金额（大写）玖佰捌拾元整　　　　　　　　　￥980.00

领导批示：请核报。　金鑫　　　　　　　　　　2008 年 12 月 13 日

表 3-4-24b

安 泰 公 司 现 金 收 据

2008 年 12 月 13 日

今收到　刘玉杰 _____	备注：
人民币 贰拾元整　　　　￥20.00	刘玉杰原 1000 元借款冲减。
系　据　差旅费多余款 _____	
单位盖章　　安泰有限公司 财务专用章　　　　现金收讫　　经手人：王月	

表 3-4-25a 　　　　增 值 税 专 用 发 票（第二联 发票联）

开票日期 2008 年 12 月 14 日　　　　　　　　No. 4757341

购货单位	名　称	安泰有限公司										纳税人登记号			440300813579001								
	地址、电话											开户银行及账号			工行华强支行 2345111								

商品或劳务名称	计量单位	数量	单价	金　　　额							税率(%)	金　　　额							
				十	万	千	百	十	元	角	分		十	万	千	百	十	元	角	分
数控机床	台	1	100 000	1	0	0	0	0	0	0	0	17		1	7	0	0	0	0	0
合计				1	0	0	0	0	0	0	0			1	7	0	0	0	0	0

价税合计（大写）	零佰壹拾壹万柒仟零佰零拾零元零角零分	￥ 117 000.00

销货单位	名　称	长宏物资公司	纳税人登记号	440300476982288
	地址、电话	长宏物资公司 财务专用章	开户银行及账号	建行人民路支行 1269999

收款人：刘三　　　　　　　　　　　　　　　　　　开票单位（未盖章无效）

表 3-4-25b 　　　　汽 车 运 费 结 算 单

2008 年 12 月 14 日　　　　　　第 3201 号

发运单位：长宏物资公司	备注：代安泰有限公司垫付
收货单位：安泰有限公司	由收货单位负担
承运单位：迅达物流公司	
运费金额：人民币（大写）叁仟元整	￥3 000.00
货物：数控机床一台	
验收：	迅达物流公司 财务专用章　　　　验收人章
财会：核　销	

表 3-4-25c

中国工商银行支票存根（粤）

支票号码　XV0019939

附加信息 _____

_____

出票日期 2008 年 12 月 14 日

收款人：长宏物资公司
金　额：￥ 120 000.00
用　途：购买数控机床

单位主管 刘伟　　会计 李莉

表 3-4-25d　　安 泰 公 司 固 定 资 产 验 收 单 （第三联 财会记账联）

2008 年 12 月 14 日　　　　　固收字第 5 号

总编号			分类编号		分类编号(测)	
名　称	数控机床			型　号	DC-102	
规　格						
国　别	中国	生产厂家	江南重工	出厂编号	12332	
出厂日期	2008 年 11 月	单　位	台	数量	1	单价	100 000.00
总　价	117 000.00	发票号码	4757813	经费来源	自　筹	
销售单位	长宏物资公司			使用方向	生　产	
附　件	一张			新旧程度	新	
备　注			使用单位	生产一车间		

财产管理部门负责人：　　　　财产使用单位负责人：　　　　经办人：　　　　保管员：

表 3-4-26a　　增 值 税 专 用 发 票（第二联 发票联）

开票日期 2008 年 12 月 15 日　　　　　No. 0787511

购货单位	名　称	安泰有限公司		纳税人登记号	440300813579001
	地址、电话			开户银行及账号	工行华强支行 2345111

商品或劳务名称	计量单位	数量	单价	金　额 十 万 千 百 十 元 角 分	税率(%)	金　额 十 万 千 百 十 元 角 分
1# 材料	公斤	5 000	9.9	4 9 5 0 0 0 0	17	8 4 1 5 0 0
合　计				4 9 5 0 0 0 0		8 4 1 5 0 0

价税合计（大写）零佰零拾伍万柒仟玖佰壹拾伍元零角零分　　￥57 915.00

销货单位	名　称	三特公司	纳税人登记号	440300513578898
	地址、电话		开户银行及账号	工行东门支行 7754633

三特公司 财务专用章　　开票单位（未盖章无效）

收款人：文章

表 3-4-26b　　汽 车 运 费 结 算 单

2008 年 12 月 15 日　　　　　第 3049 号

发运单位：三特公司	备注：由收货单位负担，代安泰有限公司垫付
收货单位：安泰有限公司	
承运单位：捷运物流公司	
运费金额：人民币（大写）伍佰元整	￥500.00
货物：1#材料 5 000 公斤	
验收：	捷运物流公司 财务专用章　验收人章
财会：核 销	

表 3-4-26c

商 业 承 兑 汇 票

出票日期 2008 年 12 月 15 日 　　　　　　　　　　　第 2089 号

付款人	全　称	安泰有限公司	收款人	全　称	三特公司
	账　号	2345111		账　号	7754633
	开户银行	工行华强支行		开户银行	工行东门支行

出票金额	人民币 （大写）伍万捌仟肆佰壹拾伍元整	千	百	十	万	千	百	十	元	角	分
				¥	5	8	4	1	5	0	0

汇票到期日	贰零零玖年零叁月壹拾伍日	交易合同号码	2003

出票人签章　　　　安泰有限公司
财务专用章

表 3-4-27a 　　　　　安 泰 公 司 领 料 单（第三联 会计部门记账）

领料部门：生产车间　　　　　　　　2008 年 12 月 15 日　　　　　　　　编号：9846

材料名称	规格	单位	数量请领	数量实发	单价	总价十	万	千	百	十	元	角	分	过账
1# 材料		公斤	2 000	2 000	10.00	¥	2	0	0	0	0	0	0	
2# 材料		公斤	3 000	3 000	8.00	¥	2	4	0	0	0	0	0	

工作单号		用途	用于甲产品生产
工作项目			

会计：李莉　　　记账：王琳　　　发料：薛华　　　主管：张进　　　领料：王强

表 3-4-27b 　　　　　安 泰 公 司 领 料 单　（第三联 会计部门记账）

领料部门：生产车间　　　　　　　　2008 年 12 月 15 日　　　　　　　　编号：9847

材料名称	规格	单位	数量请领	数量实发	单价	总价十	万	千	百	十	元	角	分	过账
1# 材料		公斤	1 000	1 000	10.00	¥	1	0	0	0	0	0	0	
2# 材料		公斤	2 000	2 000	8.00	¥	1	6	0	0	0	0	0	

工作单号		用途	用于乙产品生产
工作项目			

会计：李莉　　　记账：王琳　　　发料：薛华　　　主管：张进　　　领料：王强

表3-4-27c　　　　安 泰 公 司 领 料 单（第三联 会计部门记账）

领料部门：生产车间　　　　　2008 年 12 月 15 日　　　　　　编号：9848

材料		单位	数量		单价	总价								过账
名 称	规格		请领	实发		十	万	千	百	十	元	角	分	
1# 材料		公斤	500	500	10.00	¥	5	0	0	0	0	0		
工作单号		用途	用于工具维修											
工作项目														

会计：李莉　　　记账：王琳　　　发料：薛华　　　主管：张进　　　领料：王强

表3-4-28　　　　安 泰 公 司 收 款 收 据（第三联 会计记账）

2008 年 12 月 15 日　　　　　第 1 号

今收到 东环公司交来款项
人民币（大写）壹仟元整　　　　　　　　　¥ 1 000.00
现金收讫
事由：违约罚款
收款单位　安泰有限公司　财务主管　刘伟　收款员　王月

表3-4-29　　　　现 金 缴 款 单（回 单）

缴款日期 2008 年 12 月 16 日　　　　　第 1005 号

交款单位	安泰有限公司	开户银行	工行华强支行										
款项来源	罚款收入	账 号	2345111										
人民币（大写）壹仟元整			千	百	十	万	千	百	十	元	角	分	
						¥	1	0	0	0	0	0	
券别	100元	50元	十元	五元	二元	一元	五角	二角	一角	五分	二分	一分	合计金额 / 收款银行盖章
整把券													
零张券	10												月　日

收款复核：　　　　　　　　　收款员：

105

表 3-4-30 安泰公司材料验收单（第二联 交会计记账）

材料类别：原材料　　　　　　　验收日期 2008 年 12 月 16 日　　　　　验收：字 8454 号

发票号码	名称	规格	单位	购 进			验 收		
				数量	单价	金额	数量	单价	金额
No. 0787312	1#材料		公斤	5 000	9.9	49500	5 000	10.00	50000
供货单位	三特公司			运杂费		500	采购员姓名		汪平
备　注				合　计		50 000	附单据		2 张

供销科长：张进　　　仓库会计：王琳　　　保管员：薛华　　　复核：郑勇　　　制单：王枫

表 3-4-31 中国工商银行借款凭证（代回单）（第四联 交借款单位）

2008 年 12 月 16 日　　　　　　　　　　　　　　编号 9002

借款单位名称	安泰有限公司		放款账号	5—11	往来账号		2345111						
借款金额	人民币（大写）伍拾万元整				十	万	千	百	十	元	角	分
					5	0	0	0	0	0	0	0
种类	二年期 基建借款 （到期一次 还本付息）	单位提出期限	自 2008 年 12 月 16 日起至 2010 年 12 月 15 日止						年利率		5.28%		
		银行核定期限	自 2008 年 12 月 16 日起至 2010 年 12 月 15 日止										
上列借款已收入你单位往来户内 此致 单位　　　　（银行鉴章）				单位会计分录									

表 3-4-32a 深圳市行政事业性收费专用票据

2008 年 12 月 17 日　　　　　　　　　　No. 501678

今收到	安泰有限公司
交来	希望工程捐款
人民币（大写）	壹万元整　　　　　　　　￥10 000.00
收款单位 （公章）	希望工程基金会 财务专用章　　　收款人：周玲

表 3-4-32b

中国工商银行支票存根（粤）

支票号码　　XV0019940

附加信息　　　　　　　　　　　　　　　　　

　　　　　　　　　　　　　　　　　　　　　

出票日期 2008 年 12 月 17 日

| 收款人：希望工程基金会 |
| 金　额：￥10 000.00 |
| 用　途：捐赠希望工程 |

单位主管 刘伟　　会计 李莉

表 3-4-33a

收　　　　　　据

2008 年 12 月 18 日　　　　　　　　　　No. 001639

今收到	安泰有限公司	
交来	办公楼租金	
人民币（大写）	贰仟元整	￥2 000.00
收款单位（公章）	红星实业公司 财务专用章	收款人：张苹

第二联　付款单位

表 3-4-33b

中国工商银行支票存根（粤）

支票号码　　XV0019941

附加信息　　　　　　　　　　　　　　　　　

　　　　　　　　　　　　　　　　　　　　　

出票日期 2008 年 12 月 18 日

| 收款人：红星实业公司 |
| 金　额：￥2 000.00 |
| 用　途：付租金 |

单位主管 刘伟　　会计 李莉

表 3-4-34a 　　　　增 值 税 专 用 发 票 （第二联 发票联）

开票日期 2008 年 12 月 19 日　　　　　　　No. 1237089

购货单位	名　称	安泰有限公司								纳税人登记号			440300813579001							
	地址、电话									开户银行及账号			2345111							

商品或劳务名称	计量单位	数量	单价	金　额								税率(%)	金　额							
				十	万	千	百	十	元	角	分		十	万	千	百	十	元	角	分
高速冲床	台	1	200 000	2	0	0	0	0	0	0	0	17	3	4	0	0	0	0	0	0
合　计				2	0	0	0	0	0	0	0		3	4	0	0	0	0	0	0

价税合计（大写）	零佰贰拾叁万肆仟零佰零拾零元零角零分	￥ 234 000.00

销货单位	名　称	振华机器制造公司	纳税大登记号	440300556688998
	地址、电话	振华机器制造公司 及银行及账号		建行田贝支行 3344556

收款人：王武　　　　　　　　　　财务专用章　开票单位（未盖章无效）

表 3-4-34b 　　　　汽 车 运 费 结 算 单

2008 年 12 月 19 日　　　　　　　第 2008 号

发运单位：振华机器制造公司	备注：由收货单位负担，代安泰有限公司垫付
收货单位：安泰有限公司	
承运单位：平安物流公司	
运费金额：人民币（大写）叁仟伍佰元整	￥3 500.00
货物：高速冲床一台	
验收：	验收人章　平安物流公司 财务专用章
财会：核 销	

表 3-4-34c

中国工商银行支票存根（粤）

支票号码　XV0019942

附加信息 _____

_____

出票日期 2008 年 12 月 19 日

收款人：振华机器制造公司
金　额：￥237 500.00
用　途：购买高速冲床

单位主管 刘伟　会计 李莉

表3-4-35a　　　　　深 圳 市 服 务 业 发 票 (第二联 发票联)

付款单位：安泰有限公司　　　　　2008 年 12 月 20 日　　　　　No. 0258391

项　目	单位	数量	单　价	金　额							
				十	万	千	百	十	元	角	分
安装费	次	1	2 500.00		2	5	0	0	0	0	0
			振华机器制造公司 财务专用章								
合计人民币（大写）贰仟伍佰元整				￥	2	5	0	0	0	0	0

单位（印章）　　　　　　　　地址：　　　　　　　　开票人：高昕

表3-4-35b

中国工商银行支票存根（粤）

支票号码　　XV0019943

附加信息 _____

_____

_____

出票日期 2008 年 12 月 20 日

收款人：振华机器制造公司
金　额：￥2 500.00
用　途：付安装费

单位主管 刘伟　　会计 李莉

表3-4-36　　　安 泰 公 司 固 定 资 产 验 收 单（第三联 财会记账联）

2008 年 12 月 20 日　　　　　固收字第 6 号

总编号		分类编号		分类编号(测)			
名　称	机器设备			型　号	AE-203		
规　格							
国　别	中　国	生产厂家	振华机器制造 公司	出厂编号	02339		
出厂日期	2008 年 11 月	单　位	台	数量	1	单价	200 000.00
总　价	240 000.00	发票号码	1237089	经费来源	自　筹		
销售单位	振华机器制造公司			使用方向	生　产		
附　件	一张			新旧程度	新		
备　注			使用单位		车间		

财产管理部门负责人：　　　　财产使用单位负责人：　　　　经办人：　　　　保管员：

表 3-4-37a

收 款 收 据

2008 年 12 月 20 日　　　　　　　No. 0013682

今收到	安泰有限公司
交来	预付货款
人民币（大写）	贰仟元整　　　　　　　¥2 000.00

收款单位
（公章）　　　　潜发实业公司　　　　收款人：彭娟
　　　　　　　　财务专用章

第二联 付款单位

表 3-4-37b

中国工商银行支票存根（粤）

支票号码　　0019944
附加信息

出票日期 2008 年 12 月 20 日

收款人：潜发实业公司	
金　额：¥2 000.00	
用　途：预付货款	

单位主管 **刘伟**　会计 **李莉**

表 3-4-38a　　　深圳市服务业 发票 (第二联 发票联)

付款单位：**安泰有限公司**　　　　2008 年 12 月 20 日　　　　No. 0036372

项　目	单位	数量	单　价	金　额							
				十	万	千	百	十	元	角	分
机器修理费	次	1	250.00				2	5	0	0	0
合计人民币（大写）**贰佰伍拾元整**						¥	2	5	0	0	0

单位（印章）　　　　　　　地址：　　　　　　　　开票人：张鹏

表 3-4-38b

中国工商银行支票存根（粤）

支票号码　XV0019945
附加信息 _____
_____
_____

出票日期 2008 年 12 月 20 日

| 收款人：顶好维修公司 |
| 金　额：￥250.00 |
| 用　途：付机器修理费 |

单位主管 刘伟　会计 李莉

表 3-4-39a　　　　增 值 税 专 用 发 票 （第四联 记账联）

日期 2008 年 12 月 21 日　　　　　　　　No. 0752814

购货单位	名　称	华荣实业公司		纳税人登记号			440300826657788								
	地址、电话			开户银行及账号			工行福民支行 5678001								

商品或劳务名称	计量单位	数量	单价	金　额								税率(%)	金　额							
				十	万	千	百	十	元	角	分		十	万	千	百	十	元	角	分
甲产品	件	600	100		6	0	0	0	0	0	0	17		1	0	2	0	0	0	0
合　计					6	0	0	0	0	0	0		1	0	2	0	0	0	0	

价税合计（大写）	零佰零拾柒万零仟贰佰零拾零元零角零分　　　　　￥ 70 200.00

销货单位	名　称	安泰有限公司	纳税人登记号	440300813579001
	地址、电话		开户银行及账号	工行华强支行 2345111

收款人：　　　　　　　　　财务专用章　　开票单位（未盖章无效）

表 3-4-39b　　　中 国 工 商 银 行 进 账 单（回单或收款通知）

进账日期 2008 年 12 月 21 日　　　　　　　第 2544 号

收款人	全　　称	安泰有限公司	付款人	全　　称	华荣实业公司
	账　　号	2345111		账　　号	5678001
	开户银行	工行华强支行		开户银行	工行福民支行

人民币（大写）柒万零贰佰元整	千	百	十	万	千	百	十	元	角	分
			¥	7	0	2	0	0	0	0

票据种类	转账支票	
票据张数	1	收款人开户银行盖章
收到货款		

单位主管　　　会计　　　复核　　　记账

此联是收款开户行给收款人的回单或收账通知

表 3-4-40a　　　　　增 值 税 专 用 发 票（第二联　发票联）

开票日期 2008 年 12 月 21 日　　　　　　No. 0787312

购货单位	名　　称	安泰有限公司	纳税人登记号	440300813579001															
	地址、电话		开户银行及账号	工行华强支行 2345111															

商品或劳务名称	计量单位	数量	单价	金　　额								税率(%)	金　　额						
				十	万	千	百	十	元	角	分		十	万	千	百	十	元	角	分
2# 材料	公斤	10 000	7.9		7	9	0	0	0	0	0	17		1	3	4	3	0	0	0
合　　计					7	9	0	0	0	0	0			1	3	4	3	0	0	0

价税合计（大写）	零佰零拾玖万贰仟肆佰叁拾零元零角零分	￥ 92 430.00

销货单位	名　　称	潜发实业公司	纳税人登记号	440300213577666
	地址、电话		开户银行及账号	工行梅林支行 7654320

潜发实业公司
财务专用章

收款人：刘梦　　　　　　　　　　　开票单位（未盖章无效）

表 3-4-40b

汽 车 运 费 结 算 单

2008 年 12 月 21 日　　　　　　第 2008 号

发运单位：潜发实业公司	备注：由收货单位负担，代安泰有限公司垫付
收货单位：安泰有限公司	
承运单位：捷运物流公司	
运费金额：人民币（大写）壹仟元整	￥1 000.00
货物：2#材料 10 000 公斤	
验收：	验收人章　　捷运物流公司 财务专用章
财会：核　销	

表 3-4-40c

中国工商银行支票存根（粤）

支票号码　　XV0019946

附加信息

出票日期 2008 年 12 月 21 日

收款人：潜发实业公司
金　额：￥91 430.00
用　途：付剩余货款

单位主管 刘伟　　会计 李莉

表 3-4-41a　　**安 泰 公 司 领 料 单**（第三联 会计部门记账）

领料部门：生产车间　　2008 年 12 月 22 日　　编号：9849

材料名称	规格	单位	数量 请领	数量 实发	单价	总价 十万	万	千	百	十	元	角	分	过账
1# 材料		公斤	2 000	2 000	10.00	￥	2	0	0	0	0	0	0	
2# 材料		公斤	1 500	1 500	8.00	￥	1	2	0	0	0	0	0	
工作单号		用途	用于甲产品生产											
工作项目														

会计：李莉　　记账：王琳　　发料：薛华　　主管：张进　　领料：王强

表 3-4-41b 安 泰 公 司 领 料 单（第三联 会计部门记账）

领料部门：**生产车间**   2008 年 12 月 22 日   编号：9850

材 料 名 称	规格	单位	请领	实发	单价	十万	万	千	百	十	元	角	分	过账
1# 材料		公斤	2 000	2 000	10.00	¥ 2	0	0	0	0	0	0	0	
2# 材料		公斤	2 000	2 000	8.00	¥ 1	6	0	0	0	0	0	0	
工作单号		用途	用于乙产品生产											
工作项目														

会计：**李莉**   记账：**王琳**   发料：**薛华**   主管：**张进**   领料：**王强**

表 3-4-41c 安 泰 公 司 领 料 单（第三联 会计部门记账）

领料部门：**管理部门**   2008 年 12 月 22 日   编号：9851

材 料 名 称	规格	单位	请领	实发	单价	十万	万	千	百	十	元	角	分	过账
2# 材料		公斤	100	100	8.00			¥	8	0	0	0	0	
工作单号		用途	用于维修											
工作项目														

会计：**李莉**   记账：**王琳**   发料：**薛华**   主管：**张进**   领料：**王强**

表 3-4-42

中国工商银行支票存根（粤）

支票号码　XV0019947

附加信息 ＿＿＿＿＿＿＿＿＿＿＿＿

＿＿＿＿＿＿＿＿＿＿＿＿＿＿＿＿

＿＿＿＿＿＿＿＿＿＿＿＿＿＿＿＿

出票日期 2008 年 12 月 22 日

收款人：潜发实业公司
金　额：¥30 369.00
用　途：付货款

单位主管 **刘伟** 　会计 **李莉**

表 3-4-43a 　　　　　增 值 税 专 用 发 票（第四联 记账联）

开票日期 2008 年 12 月 23 日　　　　　　　No. 0752814

购货单位	名　　称	华荣实业公司		纳税人登记号				440300826657788								
	地址、电话			开户银行及账号				工行福民支行 5678001								

商品或劳务名称	计量单位	数量	单价	金　　额								税率(%)	金　　额							
				十	万	千	百	十	元	角	分		十	万	千	百	十	元	角	分
甲产品	件	600	100		6	0	0	0	0	0	0	17	1	0	2	0	0	0	0	0
乙产品	件	1500	60		9	0	0	0	0	0	0	17	1	5	3	0	0	0	0	0
合　　计				1	5	0	0	0	0	0	0		2	5	5	0	0	0	0	0

价税合计（大写）	零佰壹拾柒万伍仟伍佰零拾零元零角零分	￥ 175 500.00

销货单位	名　　称	安泰有限公司	纳税人登记号	440300813579001
	地址、电话		开户银行及账号	工行华强支行 2345111

收款人：　　　　　　　　　　　　　　　　　　　　　开票单位（未盖章无效）

表 3-4-43b 　　　　　中 国 工 商 银 行 进 账 单（回单或收款通知）

进账日期 2008 年 12 月 23 日　　　　　　　第 2544 号

收款人	全　　称	安泰有限公司	付款人	全　　称	华荣实业公司									
	账　　号	2345111		账　　号	5678001									
	开户银行	工行华强支行		开户银行	工行福民支行									

人民币（大写）壹拾柒万伍仟伍佰元整	千	百	十	万	千	百	十	元	角	分
		￥	1	7	5	5	0	0	0	0

票据种类	转账支票	
票据张数	1	收款人开户银行盖章
收到华荣公司货款		
单位主管　　会计　　复核　　记账		

此联是收款开户行给收款人的回单或收账通知

表 3-4-44a

安 立 公 司 费 用 报 销 领 款 单

2008 年 12 月 24 日　　　　　　　No. 0035870

领款事由	报销汽油费		
领款金额	人民币（大写）贰佰柒拾伍元整	现金付讫	¥275.00
审核意见	同意报销。		负责人签章　刘伟
领款部门	业务科	安泰有限公司 财务专用章	领款人　蔡明

主管：刘伟　　　　　　　　　　　　　　　　　　　　　　出纳：王月

表 3-4-44b

深 圳 市 销 售 发 票 (第二联 发票联)

付款单位：安泰有限公司　　　　　2008 年 12 月 24 日　　　No. 02150094

项　目	单位	数量	单　价	金　额							
				十	万	千	百	十	元	角	分
93#汽油	升	50	5.50				2	7	5	0	0
合计人民币（大写）贰佰柒拾伍元整				深长加油站 财务专用章			¥	2	7	5	0	0

单位（印章）　　　　　　　　　　地址：　　　　　　　　　开票人：魏然

表 3-4-45a

中国工商银行支票存根 （粤）

支票号码　XV0019948

附加信息　＿＿＿＿＿＿＿＿＿＿＿

＿＿＿＿＿＿＿＿＿＿＿＿＿＿＿

出票日期 2008 年 12 月 24 日

收款人：海天商场
金　额：¥800.00
用　途：劳动保护费

单位主管 刘伟　　会计 李莉

表 3-4-45b　　　　深 圳 市 商 业 零 售 发 票　(第二联 发票联)

付款单位：安泰有限公司　　　　　　2008 年 12 月 24 日　　　　　　No. 0058362

品名及规格	单位	数量	单 价	金　　　额							
				十	万	千	百	十	元	角	分
工人工作服	件	20	40.00				8	0	0	0	0
			海天商场 财务专用章								
合计人民币（大写）捌佰元整						¥	8	0	0	0	0

单位（印章）　　　　　　　　　　地址：　　　　　　开票人：徐虹

表 3-4-46a

中国工商银行支票存根（粤）

支票号码　XV0019949

附加信息 _____

_____

出票日期 2008 年 12 月 25 日

收款人：国家专利局
金　额：¥5 000.00
用　途：专利注册登记费

单位主管 刘伟　会计 李莉

表 3-4-46b　　　　　　收 款 收 据

2008 年 12 月 25 日　　　　No. 001639

今收到	安泰有限公司	
交来	专利注册登记费	
人民币（大写）	伍仟元整	¥5 000.00
收款单位（公章）	国家专利局 财务专用章	收款人：林晓

第二联 付款单位

129

表 3-4-47a

中国工商银行支票存根（粤）

支票号码　XV0019950

附加信息

出票日期 2008 年 12 月 28 日

| 收款人：太平保险公司 |
| 金　额：￥7 200.00 |
| 用　途：付下半年保险费 |

单位主管 刘伟　会计 李莉

表 3-4-47b

太 平 保 险 公 司 收 据（收据联）

2008 年 12 月 28 日　　　　　　　　　　No. 011121

今收到 安泰有限公司

人民币（大写）柒仟贰佰元整　　　　　　太平保险公司　　　￥ 7 200.00

系　　付 2009 年 1-6 月财产保险费　　　财务专用章

单位盖章　　　　　　会计：　　　　出纳：　　　　经手人：李明

表 3-4-48a

中国工商银行支票存根（粤）

支票号码　XV0019951

附加信息

出票日期 2008 年 12 月 28 日

| 收款人：会展中心 |
| 金　额：￥1 500.00 |
| 用　途：付展览费 |

单位主管 刘伟　会计 李莉

表 3-4-48b

收 款 收 据

2008 年 12 月 28 日   No. 0213708

今收到 交来	安泰有限公司
	商品展销费
人民币（大写）	壹仟伍佰元整 1 500.00
收款单位（公章）	会展中心 财务专用章 收款人：林晓

表 3-4-49a

增 值 税 专 用 发 票 （第二联 发票联）

开票日期 2008 年 12 月 28 日   No. 00076544

购货单位	名 称	安泰有限公司			纳税人登记号			440300813579001										
	地址、电话				开户银行及账号			工行华强支行 2345111										
商品或劳务名称	计量单位	数量	单价	金 额							税率 (%)	金 额						
				十	万	千	百	十	元	角	分		十	万	千	百	十	元	角	分
水	吨	3000	1.0			3	0	0	0	0	0	13				3	9	0	0	0
合 计						3	0	0	0	0	0					3	9	0	0	0
价税合计（大写）	零佰零拾零万叁仟叁佰玖拾零元零角零分										¥ 3 390.00								
销货单位	名 称	市自来水公司			纳税人登记号 市自来水公司			440300692666888										
	地址、电话				开户银行及账号 财务专用章			中行罗湖支行 5600001										

收款人：李黄河   开票单位（未盖章无效）

表 3-4-49b

中国工商银行支票存根（粤）

支票号码   XV0019952

附加信息

出票日期 2008 年 12 月 28 日

收款人：市自来水公司
金 额：¥ 3 390.00
用 途：付水费

单位主管 刘伟   会计 李莉

表 3-4-49c

安 泰 公 司 水 费 分 配 表

2008 年 12 月 28 日

部　　门	仪表记录用量（吨）	金　　额
生 产 车 间	2 000	
管 理 部 门	1 000	
合 计 金 额 （大写）		￥

（不考虑进项税）　　　　　　　　　　　　　　　制单：

表 3-4-50a　　　　　　增 值 税 专 用 发 票 （第二联 发票联）

开票日期 2008 年 12 月 28 日　　　　　　　No. 00085367

购货单位	名　　称	安泰有限公司			纳税人登记号								440300813579001								
	地址、电话				开户银行及账号								工行华强支行 2345111								
商品或劳务名称	计量单位	数量	单价	金　　额								税率(%)	金　　额								
				十	万	千	百	十	元	角	分		十	万	千	百	十	元	角	分
电	度	12000	0.5			6	0	0	0	0	0	17		1	0	2	0	0	0	
合　　计						6	0	0	0	0	0			1	0	2	0	0	0	
价税合计（大写）	零佰零拾零万柒仟零佰贰拾零元零角零分											￥ 7 020.00								
销货单位	名　　称	市供电局			纳税人登记号					440300103680988											
	地址、电话				开户银行及账号					中行罗湖支行 1111001											

收款人：刘文　　　　　　　　　　　　　　开票单位（未盖章无效）

（深圳市供电局 财务专用章）

表 3-4-50b

中国工商银行支票存根（粤）

支票号码　XV0019953

附加信息＿＿＿＿＿＿＿＿＿＿＿＿＿＿＿

＿＿＿＿＿＿＿＿＿＿＿＿＿＿＿＿＿＿＿

出票日期 2008 年 12 月 28 日

收款人：	市供电局
金　额：	￥7 020.00
用　途：	付电费

单位主管 刘伟　　会计 李莉

表 3-4-50c

安 泰 公 司 电 费 分 配 表

2008 年 12 月 28 日

部 门	仪表记录用量（度）	金 额
生 产 车 间	8 000	
管 理 部 门	3 000	
销 售 机 构	1 000	
合 计 金 额 （大写）		￥

（不考虑进项税）   制单：

表 3-4-51a

增 值 税 专 用 发 票 （第二联 发票联）

开票日期 2008 年 12 月 29 日   No. 2713898

购货单位	名 称	安泰有限公司		纳税人登记号						440300813579001								
	地址、电话			开户银行及账号						工行华强支行 2345111								

商品或劳务名称	计量单位	数量	单价	金 额								税率(%)	金 额							
				十	万	千	百	十	元	角	分		十	万	千	百	十	元	角	分
小汽车	辆	1	300 000	3	0	0	0	0	0	0	0	17		5	1	0	0	0	0	0
合 计				3	0	0	0	0	0	0	0			5	1	0	0	0	0	0

价税合计（大写）	零佰叁拾伍万壹仟零佰零拾零元零角零分	￥ 351 000.00

销货单位	名 称	大新汽车公司	纳税人登记号	440300337769828
	地址、电话		开户银行及账号	工行宝安支行 2010441

收款人：王杰   大新汽车公司 财务专用章   开票单位（未盖章无效）

表 3-4-51b

中国工商银行支票存根（粤）

支票号码　XV0019954

附加信息

出票日期 2008 年 12 月 29 日

收款人：大新汽车公司
金 额：￥351 000.00
用 途：购买汽车

单位主管 刘伟　　会计 李莉

表 3-4-51c　　　　安 泰 公 司 固 定 资 产 验 收 单（第三联 财会记账联）

2008 年 12 月 29 日　　　　　固收字第 7 号

总编号		分类编号			分类编号(测)	
名　称	小汽车		型　号		五座	
规　格						
国　别	中　国	生产厂家	上海汽车	出厂编号		92399
出厂日期	2008 年 9 月	单　位	辆	数量	1	单价	300 000.00
总　价	351 000.00	发票号码	2713898	经费来源		自　筹
销售单位		大新汽车公司		使用方向		生　产
附　件		一张		新旧程度		新
备　注			使用单位		业务科	

财产管理部门负责人：　　财产使用单位负责人：　　　经办人：　　　保管员：

表 3-4-52　　　　　　　　存 货 账 存 实 存 对 比 表

2008 年 12 月 30 日　　　　　　第 12 号

存货类别	名称	计量单位	单价	数量		盘盈		盘亏		备注
				账存	实存	数量	金额	数量	金额	
	1#材料	公斤	10.00	1 500	1 495			5	50.00	
合计								5	50.00	
处理意见							审批人			
	盘亏 1#材料系一般经营损失，计入管理费用。						财务主管：刘伟			
							总经理：金鑫			

表 3-4-53a　　　　　　中 国 工 商 银 行 放 款 利 息 通 知 单

2008 年 12 月 31 日　　　　　　No.134685

户　名	安泰有限公司			账　户	工行华强支行 2345111						
利息计算时间	2008 年 10 月 1 日起 12 月 31 日止			年利率	4.8%						
利息金额	人民币（大写）肆仟伍佰元整	万	千	百	十	元	角	分			
		￥	4	5	0	0	0	0			
上列利息已由你公司存款户扣收 中国工商银行华强支行		科　目 转　账 2008 年 12 月 31 日 复　核　　记　账　　制　单									

表 3-4-53b

中国工商银行放款利息通知单

2008 年 12 月 31 日　　　　　　　　　　　　No.134686

户　　名	安泰有限公司		账　　户	工行华强支行 2345111						
利息计算时间	2008 年 10 月 1 日起 12 月 31 日止		年利率	4.8%						
利 息 金 额	人民币（大写）壹仟贰佰元整		万	千	百	十	元	角	分	
			¥	1	2	0	0	0	0	
上列利息已由你公司存款户扣收 中国工商银行华强支行			科　目 转　账 2008 年 12 月 31 日 复　核　　记　账　　制　单							

表 3-4-53c

安泰公司内部转账单

2008 年 12 月 31 日　　　　　　　　　　　　转 1203 号

子目或户名	摘　　要	金　　额
利　　息	冲 10 月、11 月预提利息	3 000.00
合　　计		¥3 000.00

会计：李莉　　　　　记账：王琳　　　　　复核：刘伟　　　　　制单：王月

表 3-4-54

安泰公司内部转账单

2008 年 12 月 31 日　　　　　　　　　　　　转 1204 号

子目或户名	摘　　要	金　　额
利　　息	计提本期借入长期借款利息	
合　　计		

会计：李莉　　　　　记账：王琳　　　　　复核：刘伟　　　　　制单：王月

表 3-4-55　　　　　中国工商银行借款偿还凭证 (第三联 交还款单位)

2008 年 12 月 31 日　　　　　　　　　　　编号 9841

放款账号	5—11	户名	还款金额	利息	合计
往来账号	2345111	安泰有限公司	375 000.00		375 000.00

自 2008 年 7 月 1 日 起 至 2008 年 12 月 31 日 止		时间	半年期	人民币（大写）叁拾柒万伍仟元整	
年利率	4.8%	上列款项从你单位账户 2345111 内支付。		复核　　记账 转账日期 2008 年 12 月 31 日	

表 3-4-56　　　　　　　安 泰 公 司 工 资 费 用 分 配 表

2008 年 12 月 31 日

车 间 或 部 门	摘　　　要	金　　　额
甲产品生产工人	工资分配	48 000.00
乙产品生产工人	工资分配	45 000.00
车间管理人员	工资分配	10 000.00
销售机构人员	工资分配	12 000.00
行政管理人员	工资分配	24 000.00
合 计 金 额（大写）		￥

制表：

表 3-4-57　　　　　　　安 泰 公 司 职 工 福 利 费 计 提 表

2008 年 12 月 31 日

车 间 或 部 门	基　　　数	比　　　例	金　　　额
甲产品生产工人		14%	
乙产品生产工人		14%	
车间管理人员		14%	
销售机构人员		14%	
行政管理人员		14%	
合 计 金 额（大写）　仟　佰　拾　元　角　分			￥

制表：

表 3-4-58 　　　　　安 泰 公 司 固 定 资 产 折 旧 计 算 表

2008 年 12 月 31 日

车 间 或 部 门	摘　　要	金　　额
生产车间	固定资产原值×折旧率	3 000.00
行政部门	固定资产原值×折旧率	1 500.00
销售机构	固定资产原值×折旧率	500.00
合 计 金 额 （大写）		￥

制表：

表 3-4-59 　　　　安 立 公 司 制 造 费 用 分 配 表 (第三联会计记账)

2008 年 12 月 31 日

产 品 名 称	分配标准（按工时）	分 配 率	分配金额（元）
甲产品	6 000 小时		
乙产品	4 000 小时		
合　　计	10 000 小时		

制表：

表 3-4-60 　　　　安 泰 公 司 应 交 城 建 税 与 教 育 费 附 加 计 算 表

2008 年 12 月 31 日

项　　目	提 取 依 据	规 定 比 例	金　　额
城市维护建设税		1%	
教育费附加		3%	
合 计 金 额 （大写）			￥

制表：

表 3-4-61

中 国 工 商 银 行 存 款 利 息 通 知 单

2008 年 12 月 31 日   No.534182

户 名	安泰有限公司		账 户	工行华强支行 2345111						
利息计算时间	2008 年 10 月 1 日起 12 月 31 日止		年利率	0.36%						
利 息 金 额	人民币（大写）玖佰陆拾元整	万	千	百	十	元	角	分		
			￥	9	6	0	0	0		
计息积数	96 000 000.00									
上列利息已如数转入你公司存款户。 中国工商银行华强支行		科 目 转 账 2008 年 12 月 31 日 复 核 记 账 制 单								

表 3-4-62a

税票顺序号： 3   中华人民共和国   国

核定纳税目：15   **税收通用缴款书** （一联 缴款单位作完税凭证）

注册类型：其他有限责任公司   填发日期：2008 年 12 月 31 日   征收机关：深圳市国家税务局

缴款单位（人）	代 码	440300813579001	预算科目	编 码	增值税
	全 称	安泰有限公司		名 称	
	开户银行	工行华强支行		级 次	地级
	账 号	2345111	收款国库	深圳市××金库	

税款所属时期	2008 年 12 月 日		税款限缴时期	2008 年 12 月 31 日	
品 目 名 称	课税 数量	计税金额或 销售 收入	税 率 或 单位税额	已缴或 扣除额	实 缴 金 额
增 值 税					45 595.00
金额合计	（大写）肆万伍仟伍佰玖拾伍元整				￥ 45 595.00
缴纳单位（人） （盖章） 经办人（章）	税务机关 （盖章）	上列款项 收妥并划转收款 单位账户 国库（银行）盖章 年 月 日		备注：	

（1）逾期不缴按税法规定加收滞纳金。

（2）无银行收讫章无效。

表 3-4-62b

中华人民共和国

地

核定纳税目： 15

税收通用缴款书 （一联 缴款单位作完税凭证）

注册类型：其他有限责任公司　　　　填发日期：2008 年 12 月 31 日　　　征收机关：深圳市地方税务局

缴款单位（人）	代　码	440300813579001	预算科目	编　码	城市维护建设税及教育费附加
	全　称	安泰有限公司		名　称	
	开户银行	工行华强支行		级　次	地　级
	账　号	2345111		收款国库	深圳市××金库

税款所属时期	**2008 年 12 月 日**		税款限缴时期	**2008 年 12 月 31 日**	
品　目名　称	课税数量	计税金额或销售收入	税率或单位税额	已缴或扣除额	实缴金额
城市建设维护税		45 595.00	1%		455.95
教育费附加		45 595.00	3%		1 367.85
金额合计	（大写）壹仟捌佰贰拾叁元捌角整				￥1 823.80

缴纳单位（人）（盖章）经办人（章）	税务机关（盖章）	上列款项　收妥并划转收款单位账户国库（银行）盖章年　　月　　日	备注：

（1）逾期不缴按税法规定加收滞纳金。

（2）无银行收讫章无效。

表 3-4-63a　　　　安 泰 公 司 产 品 生 产 成 本 计 算 表

产品名称：甲产品　　　　　　　　　　2008 年 12 月　　　　　　　完工产品：**4 500 件**
　　　　　　　　　　　　　　　　　　　　　　　　　　　　　　　月末在产品：**按定额**

摘　要	成 本 项 目			合　计
	直接材料	直接人工	制造费用	
月初在产品成本				
领用材料				
生产工人工资				
计提职工福利费				
结转制造费用				
生产费用合计				
完工产品成本				
月末在产品成本	**12 000**	**3 500**	**1 060**	
完工产品单位成本				

制表：

表 3-4-63b　　　　　安 泰 公 司 产 品 生 产 成 本 计 算 表

产品名称：**乙产品**　　　　　　　　2008 年 12 月　　　　　　　完工产品：**7 000 件**

月末在产品：0

摘　要	成 本 项 目			合　计
	直接材料	直接人工	制造费用	
月初在产品成本				

制表：

表 3-4-63c　　　　　安 泰 公 司 完 工 产 品 入 库 单

生产部门：　　　　　　　2008 年 12 月 31 日　　　　　　第 110 号

编　号	名　称	单　位	数　量	单 位 成 本	金　额
	甲产品	件	4 500		
	乙产品	件	7 000		

制表：

表 3-4-64a　　安 泰 公 司 产 品 销 售 成 本 计 算 表 (第三联 会计记账)

2008 年 12 月 31 日

产 品 项 目	销 售 数 量	单 位 生 产 成 本	金　额
甲产品			
乙产品			
合　计			

制表：

表 3-4-64b

出 库 产 品 汇 总 表

2008 年 12 月 31 日

产品名称	单位	数量	单位成本	金										用途
				千	百	十	万	千	百	十	元	角	分	销售
甲产品	件													
乙产品	件													

单位主管： 保管员： 经手人：

表 3-4-65a

安 泰 公 司 内 部 转 账 单

转账日期 2008 年 12 月 31 日 转 1205 号

摘 要	转 账 项 目	金 额
结转到本年利润账户	主营业务收入——甲产品	
	主营业务收入——乙产品	
结转到本年利润账户	其他业务收入	
结转到本年利润账户	投资收益	
结转到本年利润账户	营业外收入	
合 计		

制表：

表 3-4-65b

安 泰 公 司 内 部 转 账 单

转账日期 2008 年 12 月 31 日 转 1206 号

摘 要	转 账 项 目	金 额
结转到本年利润账户	主营业务成本——甲产品	
	主营业务成本——乙产品	
结转到本年利润账户	其他业务成本	
结转到本年利润账户	营业税金及附加	
结转到本年利润账户	销售费用	
结转到本年利润账户	管理费用	
结转到本年利润账户	财务费用	
结转到本年利润账户	营业外支出	
合 计		

制表：

表 3-4-66a 安泰公司内部转账单

2008 年 12 月 31 日 转 1207 号

项　目	摘　要	金　额
所 得 税 费 用	按计税所得额 25%计提	
合 计 金 额（大写）		

制表：

表 3-4-66b 安泰公司内部转账单

2008 年 12 月 31 日 转 1208 号

项　目	转 账 项 目	金　额
结转到本年利润账户	所得税费用	
合 计 金 额（大写）		

制表：

表 3-4-67 安泰公司内部转账单

转账日期 2008 年 12 月 31 日 转 1209 号

摘　要	转 账 项 目	金　额
年终结转"本年利润"至"利润分配——未分配利润"账户		
合　　计		

制表：

表 3-4-68a

安 泰 公 司 税 后 利 润 分 配 计 算 表

2008 年 12 月 31 日

分 配 项 目	分配依据金额	分 配 率	应分配金额
提取法定盈余公积			
向投资者分配利润			
合计			￥

制表：

表 3-4-68b

股 利 分 配 公 告

经董事会决议，安泰有限公司决定本期分配税后现金股利 200 000 元。
分配方案已获经股东大会表决通过。

安泰有限公司
2008 年 12 月 31 日

表 3-4-69

安 泰 公 司 内 部 转 账 单

转账日期 2008 年 12 月 31 日　　　　　　　　转 1210 号

摘 要	转 账 项 目	金 额
年终结转"利润分配"所属其他明细账至"利润分配——未分配利润"账户		
合 计		

制表：

附录 企业会计准则——基本准则

第一章 总 则

第一条 为了规范企业会计确认、计量和报告行为，保证会计信息质量，根据《中华人民共和国会计法》和其他有关法律、行政法规，制定本准则。

第二条 本准则适用于在中华人民共和国境内设立的企业（包括公司，下同）。

第三条 企业会计准则包括基本准则和具体准则，具体准则的制定应当遵循本准则。

第四条 企业应当编制财务会计报告（又称财务报告，下同）。财务会计报告的目标是向财务会计报告使用者提供与企业财务状况、经营成果和现金流量等有关的会计信息，反映企业管理层受托责任履行情况，有助于财务会计报告使用者作出经济决策，财务会计报告使用者包括投资者、债权人、政府及其有关部门和社会公众等。

第五条 企业应当对其本身发生的交易或者事项进行会计确认、计量和报告。

第六条 企业会计确认、计量和报告应当以持续经营为前提。

第七条 企业应当划分会计期间，分期结算账目和编制财务会计报告。

会计期间分为年度和中期。中期是指短于一个完整的会计年度的报告期间。

第八条 企业会计应当以货币计量。

第九条 企业应当以权责发生制为基础进行会计确认、计量和报告。

第十条 企业应当按照交易或者事项的经济特征确定会计要素。会计要素包括资产、负债、所有者权益、收入、费用和利润。

第十一条 企业应当采用借贷记账法记账。

第二章 会计信息质量要求

第十二条 企业应当以实际发生的交易或者事项为依据进行会计确认、计量和报告，如实反映符合确认和计量要求的各项会计要素及其他相关信息，保证会计信息真实可靠、内容完整。

第十三条 企业提供的会计信息应当与财务会计报告使用者的经济决策需要相关，有助于财务会计报告使用者对企业过去、现在或者未来的情况作出评价或者预测。

第十四条 企业提供的会计信息应当清晰明了，便于财务会计报告使用者理解和使用。

第十五条 企业提供的会计信息应当具有可比性。

同一企业不同时期发生的相同或者相似的交易或者事项，应当采用一致的会计政策，不得随意变更。确需变更的，应当在附注中说明。

不同企业发生的相同或者相似的交易或者事项，应当采用规定的会计政策，确保会计信息口径一致、相互可比。

第十六条　企业应当按照交易或者事项的经济实质进行会计确认、计量和报告，不应仅以交易或者事项的法律形式为依据。

第十七条　企业提供的会计信息应当反映与企业财务状况、经营成果和现金流量等有关的所有重要交易或者事项。

第十八条　企业对交易或者事项进行会计确认、计量和报告应当保持应有的谨慎，不应高估资产或者收益、低估负债或者费用。

第十九条　企业对于已经发生的交易或者事项，应当及时进行会计确认、计量和报告，不得提前或者延后。

第三章　资　　产

第二十条　资产是指企业过去的交易或者事项形成的、由企业拥有或者控制的、预期会给企业带来经济利益的资源。

前款所指的企业过去的交易或者事项包括购买、生产、建造行为或其他交易或者事项。预期在未来发生的交易或者事项不形成资产。

由企业拥有或者控制，是指企业享有某项资源的所有权，或者虽然不享有某项资源的所有权，但该资源能被企业所控制。

预期会给企业带来经济利益，是指直接或者间接导致现金和现金等价物流入企业的潜力。

第二十一条　符合本准则第二十条规定的资产定义的资源，在同时满足以下条件时，确认为资产：

（一）与该资源有关的经济利益很可能流入企业；

（二）该资源的成本或者价值能够可靠地计量。

第二十二条　符合资产定义和资产确认条件的项目，应当列入资产负债表；符合资产定义、但不符合资产确认条件的项目，不应当列入资产负债表。

第四章　负　　债

第二十三条　负债是指企业过去的交易或者事项形成的、预期会导致经济利益流出企业的现时义务。

现时义务是指企业在现行条件下已承担的义务。未来发生的交易或者事项形成的义务，不属于现时义务，不应当确认为负债。

第二十四条　符合本准则第二十三条规定的负债定义的义务，在同时满足以下条件时，确认为负债：

（一）与该义务有关的经济利益很可能流出企业；

（二）未来流出的经济利益的金额能够可靠地计量。

第二十五条　符合负债定义和负债确认条件的项目，应当列入资产负债表；符合负债定义，但不符合负债确认条件的项目，不应当列入资产负债表。

第五章　所有者权益

第二十六条　所有者权益是指企业资产扣除负债后由所有者享有的剩余权益。

公司的所有者权益又称为股东权益。

第二十七条　所有者权益的来源包括所有者投入的资本、直接计入所有者权益的利得和损失、留存收益等。

直接计入所有者权益的利得和损失，是指不应计入当期损益、会导致所有者权益发生增减变动的、与所有者投入资本或者向所有者分配利润无关的利得或者损失。

利得是指由企业非日常活动所形成的、会导致所有者权益增加的、与所有者投入资本无关的经济利益的流入。

损失是指由企业非日常活动所发生的、会导致所有者权益减少的、与向所有者分配利润无关的经济利益的流出。

第二十八条　所有者权益金额取决于资产和负债的计量。

第二十九条　所有者权益项目应当列入资产负债表。

第六章　收　　入

第三十条　收入是指企业在日常活动中形成的、会导致所有者权益增加的、与所有者投入资本无关的经济利益的总流入。

第三十一条　收入只有在经济利益很可能流入从而导致企业资产增加或者负债减少、且经济利益的流入额能够可靠计量时才能予以确认。

第三十二条　符合收入定义和收入确认条件的项目，应当列入利润表。

第七章　费　　用

第三十三条　费用是指企业在日常活动中发生的、会导致所有者权益减少的、与向所有者分配利润无关的经济利益的总流出。

第三十四条　费用只有在经济利益很可能流出从而导致企业资产减少或者负债增加、且经济利益的流出额能够可靠计量时才能予以确认。

第三十五条　企业为生产产品、提供劳务等发生的可归属于产品成本、劳务成本等的费用，应当在确认产品销售收入、劳务收入等时，将已销售产品、已提供劳务的成本等计入当期损益。

企业发生的支出不产生经济利益的，或者即使能够产生经济利益但不符合或者不再符合资产确认条件的，应当在发生时确认为费用，计入当期损益。

企业发生的交易或者事项导致其承担了一项负债而又不确认为一项资产的，应当在发生时确认为费用，计入当期损益。

第三十六条　符合费用定义和费用确认条件的项目，应当列入利润表。

第八章　利　润

第三十七条　利润是指企业在一定会计期间的经营成果，利润包括收入减去费用后的净额、直接计入当期利润的利得和损失等。

第三十八条　直接计入当期利润的利得和损失，是指应当计入当期损益、会导致所有者权益发生增减变动的、与所有者投入资本或者向所有者分配利润无关的利得或者损失。

第三十九条　利润金额取决于收入和费用、直接计入当期利润的利得和损失金额的计量。

第四十条　利润项目应当列入利润表。

第九章　会计计量

第四十一条　企业在将符合确认条件的会计要素登记入账并列报于会计报表及其附注（又称财务报表，下同）时，应当按照规定的会计计量属性进行计量，确定其金额。

第四十二条　会计计量属性主要包括：

（一）历史成本。在历史成本计量下，资产按照购置时支付的现金或者现金等价物的金额，或者按照购置资产时所付出的对价的公允价值计量。负债按照因承担现时义务而实际收到的款项或者资产的金额，或者承担现时义务的合同金额，或者按照日常活动中为偿还负债预期需要支付的现金或者现金等价物的金额计量。

（二）重置成本。在重置成本计量下，资产按照现在购买相同或者相似资产所需支付的现金或者现金等价物的金额计量。负债按照现在偿付该项债务所需支付的现金或者现金等价物的金额计量。

（三）可变现净值。在可变现净值计量下，资产按照其正常对外销售所能收到现金或者现金等价物的金额扣减该资产至完工时估计将要发生的成本、估计的销售费用以及相关税费后的金额计量。

（四）现值。在现值计量下，资产按照预计从其持续使用和最终处置中所产生的未来净现金流入量的折现金额计量。负债按照预计期限内需要偿还的未来净现金流出量的折现金额计量。

（五）公允价值。在公允价值计量下，资产和负债按照在公平交易中，熟悉情况的交易双方自愿进行资产交换或者债务清偿的金额计量。

第四十三条　企业在对会计要素进行计量时，一般应当采用历史成本，采用重置成本、可变现净值、现值、公允价值计量的，应当保证所确定的会计要素金额能够取得并可靠计量。

第十章　财务会计报告

第四十四条　财务会计报告是指企业对外提供的反映企业某一特定日期的财务状况和某一会计期间的经营成果、现金流量等会计信息的文件。

财务会计报告包括会计报表及其附注和其他应当在财务会计报告中披露的相关信息和资料。会计报表至少应当包括资产负债表、利润表、现金流量表等报表。

小企业编制的会计报表可以不包括现金流量表。

第四十五条　资产负债表是指反映企业在某一特定日期的财务状况的会计报表。

第四十六条　利润表是指反映企业在一定会计期间的经营成果的会计报表。

第四十七条　现金流量表是指反映企业在一定会计期间的现金和现金等价物流入和流出的会计报表。

第四十八条　附注是指对在会计报表中列示项目所作的进一步说明，以及对未能在这些报表中列示项目的说明等。

第十一章　附　则

第四十九条　本准则由财政部负责解释。

第五十条　本准则自 2007 年 1 月 1 起施行。